Yoshi Oida und Lorna Marshall

Die Tricks eines Schauspielers

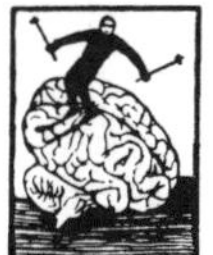

Yoshi Oida, 1933 in Kobe geboren, kam nach einer Schauspielausbildung in Japan 1968 nach Paris, um mit Peter Brook zu arbeiten. Als Filmschauspieler arbeitete er u. a. mit Peter Greenaway zusammen. Seit 1979 inszeniert er eigene Stücke, die weltweit gezeigt werden. Daneben gibt er Workshops, in denen er seine Erfahrungen mit fernöstlichen und westlichen Schauspieltechniken vermittelt.
Für seine Arbeit wurde er u. a. mit den Orden »Chevalier des Arts et des Lettres« (1992) und »Officier des Arts et des Lettres« (2007) ausgezeichnet.
www.yoshioida.com

Yoshi Oida und Lorna Marshall

DIE TRICKS EINES SCHAUSPIELERS

Aus dem Englischen von Hans Therre

Mit einem Vorwort von Peter Brook

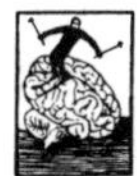

Alexander Verlag Berlin | Köln

Yoshi Oida im Alexander Verlag Berlin | Köln

Bereits erschienen:
Zwischen zwei Welten
Der unsichtbare Schauspieler

Zweite Auflage 2013
Deutsche Erstausgabe
Redaktion und Lektorat: Christin Heinrichs. Dank an Katharina Broich.

Titel des englischen Originals *An Actor's Tricks*

Alexander Wewerka, Fredericiastr. 8, D-14050 Berlin
www.alexander-verlag.com
info@alexander-verlag.com

Umschlaggestaltung Antje Wewerka unter der Verwendung einer Abbildung von Yoshi Oida (Foto Tom Dombrowski)
ISBN 978-3-89581-201-9
Printed in Hungary (November) 2013

INHALT

VORWORT

Probieren geht über Studieren

Im Osten gibt ein Lehrer niemals Unterricht. Zumindest nicht so, wie wir es verstehen. Ein wahrer Lehrer erklärt nichts, verteilt keine Rezepte. Er – oder manchmal sie – ist ein lebendes Beispiel für das Machbare, für das, was mit unendlicher Geduld und unerschütterlicher Entschlossenheit erreicht werden kann.

Einer unserer Musiker fuhr nach Indien, um eine sehr seltene, im Westen unbekannte Form des Hornspiels zu lernen. Nach langer Suche fand er einen Lehrer. Der Lehrer sagte kein Wort, er spielte bloß. Erst einfache Noten, dann ein paar Noten zusammen und ab und zu eine komplexe Folge herrlicher Klänge. Tag um Tag wurde der Schüler ermutigt, das gleiche zu tun. Viele Wochen lang blies er, mit angeschwollenen Backen, verkrampften Muskeln, aber kein Ton wollte erklingen. Dann platzte plötzlich eines Tages ein häßliches Schnauben aus dem Instrument. Es war ein Anfang, und jetzt lauschte der Schüler dem Spiel des Lehrers aufmerksamer und versuchte, das Gehörte zu verstehen, wobei er Augenblicke tiefer Verzweiflung durchmachte. Endlich kam der Tag, als er wie von selbst herausfand, daß er spielen konnte. Das Instrument war kein Unbekannter mehr, es war zu seinem Vertrauten geworden.

Freilich läßt sich in der ostasiatischen Tradition nichts direkt auf den Westen übertragen. Aus diesem Grund war Yoshi Oida ursprünglich nach Europa gekommen. Auf welche Lehren würde er wohl in dieser unbekannten Hemisphäre stoßen? In seinen Büchern läßt er uns großzügig an seiner Suche teilnehmen. Er offenbart seine Schwierigkeiten und schildert in anschaulicher Weise die einstigen und jetzigen Vorbilder, die ihn im Lauf der Jahre geleitet haben. Er verzichtet darauf, Methoden zu predigen, und er versucht nicht zu unterrichten. Statt dessen erweckt er mit Humor und Bescheidenheit seinen Arbeitstag zum Leben – mit seinen Träumen, Niederlagen, Idealen und Entdekkungen –, und er zehrt dabei von der besonderen Verstehensweise, die ihn seine eigene Tradition gelehrt hat.

Aber er führt uns mit seinem Titel hinters Licht. Es gibt keine Tricks, es gibt keine Erklärungen. Es gibt nur Erfahrungen. Das ist die wirkliche Lehre.

Peter Brook
Paris, 16. November 2006

EINLEITUNG

Man fragt mich oft, wie unsere Bücher (das vorliegende ebenso wie *Der unsichtbare Schauspieler*) zustande gekommen sind. Im Lauf der Jahre haben Yoshi und ich viele Stunden damit zugebracht, über das Theater und die unterschiedlichsten Aspekte der japanischen Ausbildung und Kultur zu diskutieren. Auf der Grundlage dieser Gespräche arbeitete ich den Großteil des Textes aus, wobei ich Yoshis Gedanken und typische Redeweise benutzte. Ich fügte dann andere Abschnitte in meiner eigenen Diktion hinzu, in der Regel, um einen bestimmten Punkt zu erhellen oder einige Aspekte der japanischen Kultur zu vertiefen. Meine Interpolationen sind in *Kursivschrift*, gefolgt von *L. M.*

Als Ergänzung habe ich im Anhang ein Kapitel über Ausbildung und Training geschrieben (und die Probleme, die auftauchen, wenn man etwas beschreibt, was im wesentlichen ein lebendiger, dynamischer Prozeß ist). Das ist meine eigene Sichtweise, aber da Yoshi und ich in vielen Bereichen zusammengearbeitet haben (bei Lehrgängen, Workshops und Theaterproduktionen ebenso wie bei drei Büchern), ist sein Einfluß immer spürbar. Alle Übungen, die er lehrt und die ich in groben Zügen darstelle, konnte ich in seinen Workshops mit eigenen Augen verfolgen; doch die Beschreibungen und Interpretationen (und etwaige Fehler) stammen aus meiner Feder.

Wie wir beide wissen, ist der schöpferische Prozeß schwer faßbar und einzigartig. Es gibt keine feststehenden Techniken oder zu befolgenden Rezepte, die den Erfolg garantieren. Was für die eine Person gilt, wird für eine andere bedeutungslos sein. Und viel wird davon abhängen, wann und wo jemand auf einen Gedanken stößt oder eine Erfahrung macht. Dieses Problem wird noch größer, wenn man sich daranmacht, künstlerische Konzeptionen und Prozesse in konkrete Sätze zu fassen. Ein bestimmter Gedanke mag dem einen Leser ein ganzes Universum von Möglichkeiten erschließen, einem zweiten abgedroschen und trivial vorkommen und für einen dritten ein Buch mit sieben Siegeln sein. Daher gibt es keine Rezepte in diesem Buch, nur unsere persönlichen Interessen und Erfahrungen, dazu einige Vorschläge und Fingerzeige. Wir hoffen, daß sie sich vielleicht als nützlich erweisen.

Ich möchte dem kunst- und geisteswissenschaftlichen Forschungsrat Großbritanniens und der englisch-japanischen Daiwa-Stiftung danken, deren großzügiges Forschungsstipendium mir die Zeit gab, dieses Buch zu schreiben.

Lorna Marshall

»Ein Schauspieler hatte einen Sohn, der zwölf oder dreizehn Jahre alt war und die Schule besuchte. Er sagte zu ihm: ›Dinge, die ein Schauspieler nicht lernen muß, sind das Hantieren mit dem Rechenbrett und die Kalligraphie, und es gibt auch noch einige andere Dinge, die er nicht zu wissen braucht.‹ Tojuro [ein berühmter Kabuki-Schauspieler] hörte das und sagte: ›Nein, nein, das stimmt überhaupt nicht. Die Kunst des Schauspielers ist wie der Beutel des Bettlers. Du solltest alles aufsammeln, was dir begegnet, und es mitnehmen, egal ob du es gerade brauchst oder nicht. Du solltest nur jene Dinge benutzen, die du benötigst, und jene, die du nicht benötigst, solltest du beiseite tun und erst dann herausnehmen, wenn du ihrer bedarfst. Es darf überhaupt nichts geben, was du nicht zu wissen brauchst. Sogar Beutelschneiderei [Taschendiebstahl] sollte sorgfältig studiert werden.‹«

Die Analekte des Schauspielers; Staub in den Ohren, Artikel XIX (Übersetzer: Charles J. Dunn, Columbia University Press, New York, 1969.)

1 DER MORGEN DER VORSTELLUNG

Es ist Morgen. Licht sickert in mein Schlafzimmer, und ich schäle mich aus dem Schlaf. In meinem Geist wird es lichter, und mir fällt ein, daß ich heute eine Vorstellung habe. Heute abend werde ich auf der Bühne stehen.

Ich muß für die Arbeit bereit sein, also überprüfe ich als erstes meinen Körper. Kann ich mich auf ihn verlassen? Ja, grundsätzlich ist er in einer guten Verfassung; kein Schmerz, keine Beschwerden.

Ich setze mich in meinem Bett auf und merke nun, daß mein Kreuz steif und verspannt ist. Nichts Ungewöhnliches in meinem Alter, aber auch nicht gerade hilfreich. Ich muß mich also strecken. Ich steige aus dem Bett und strekke den ganzen Körper; Wirbelsäule, Beine, Arme und Schultern, alles. Das dauert etwa zwanzig Minuten. Danach fühlt sich mein Körper lockerer und lebendiger an.

Wenn meine Gelenke und Muskeln sich zu lockern beginnen, widme ich meine Aufmerksamkeit dem Innern meines Körpers. Nicht, um herauszufinden, wie meine Eingeweide funktionieren, sondern wegen etwas ganz anderem.

Wir alle wissen, wie unser Körper beschaffen ist, aber was setzt dieses Bündel aus Knochen und Muskeln in Bewegung? Vielleicht wird alles vom Gehirn gesteuert, ich weiß es nicht. Wo auch immer sie ihren Ursprung hat, es scheint, als besäßen menschliche Wesen eine Art innerer Energie. Wie ein gewaltiges Feuer im Innern unseres Körpers. Aber diese Energie bleibt normalerweise verborgen und kann nicht von außen wahrgenommen werden. Unsere Körper sind gewissermaßen wie die Erde selbst. Die Oberfläche unseres Planeten scheint uns in der Regel sehr ruhig und unwandelbar zu sein, aber bei einem Vulkanausbruch kann man beobachten, wie plötzlich Feuer durch die Erdkruste bricht. Dieses Feuer füllt in diesem Augenblick den gesamten Innenraum des Planeten aus, und seine Ränder liegen ganz dicht unter der Oberfläche. Das Feuer ist immer da, aber wenn wir nicht gerade in der Nähe eines Vulkans sind, sehen wir es nicht.

Wenn ein Schauspieler während einer Aufführung einen Weg finden kann, mit dem im Körper verborgenen Feuer Kontakt aufzunehmen, können die Zuschauer an dieser Energie teilhaben. Wir müssen wie ein Vulkan sein, imstande, unsere Energie in die Welt ausbrechen zu lassen. Dieses innere Feuer hat etwas mit der Präsenz des Schauspielers zu tun. Wir alle wissen, wenn gewisse Schauspieler reglos dastehen oder einfach nur über die Bühne gehen, spürt man eine Art Präsenz; man will ihnen zuschauen. Andere Schauspieler scheinen sehr weit weg zu sein, und man interessiert sich nicht für das, was sie tun oder sagen. Aber warum sehen wir nicht allen Schauspielern mit der gleichen Faszination zu?

Es gibt keine eindeutige Antwort auf diese Frage, aber mir ist aufgefallen, daß es in vielen Fällen Hemmungen und Blockierungen zu geben scheint, die vom kontrollierenden Verstand der Schauspieler verursacht werden, auch von ihren (positiven oder negativen) Emotionen. Sie verhindern den Ausbruch der Energie. Die nächste Frage lautet somit: Wie befreit man sich von diesen geistigen oder emotionalen Fesseln?

Meine Erfahrungen im Beobachten und Anleiten von Darstellern (Sänger genauso wie Schauspieler) haben mich ein Muster entdecken lassen. Ich fand heraus, daß Menschen, die regelmäßig mit ihrem Körper arbeiten, irgendwie eine stärkere Bühnenpräsenz haben. So ist die regelmäßige Arbeit mit dem Körper vielleicht eine Möglichkeit, um die innere Energie zu entfesseln. Auf diese Weise kann der Schauspieler diese Kraft besser nutzen und der Zuschauer sie besser sehen. Aber das wirft eine andere Frage auf: Was für eine Arbeit? Stretching scheint eine gute Methode zu sein (und ich weiß, ich sollte auch an den Tagen Streckübungen mit meinem Körper machen, wenn ich keine Vorstellung habe). Aus diesem Grund folgen viele Schauspieler einem formalen Stretchingprogramm oder nutzen besondere Leibesübungen, um den Körper täglich einsatzbereit zu halten.

Freilich gilt es einen Faktor zu beachten. Manche Trainingsmethoden, die Streck- und Lockerungsübungen miteinander verbinden, können matt und schläfrig machen oder auch nur ein körperliches Wohlgefühl verschaffen. Dasselbe kann passieren, wenn man nichts weiter als Atemübungen macht. Zwar soll man den Körper strecken, aber wenn man dabei schlaff und schläfrig wird, ist das wenig hilfreich für den unmittelbar bevorstehenden Auftritt. Normale körperliche Ertüchtigungen (wie der Besuch eines Fitneßstudios oder Tanzkurses) sind fürs Theater genausowenig empfehlenswert. Sie strengen den Körper sehr an und rufen in der Regel ein Gefühl wohliger und angenehmer Müdigkeit hervor. Das taugt auch nicht fürs Theater. Man muß seine eigene Methode mit Sorgfalt wählen oder das Gelernte den eigenen Bedingungen anpassen, um auf der Bühne wirklich lebendig zu sein.

Wie arbeiten wir nun mit dem Körper so, daß unser Feuer stärker und zugänglicher wird? Man fragt mich oft, welche besondere Technik ich als regelmäßiges Training empfehlen würde, aber tatsächlich gibt es sehr viele Methoden, die nützlich sein können; man muß diejenige finden, die für einen selbst am besten funktioniert, oder seine eigene entwickeln.

Im vorangegangenen Buch, *Der unsichtbare Schauspieler*, sprach ich über bestimmte Körperregionen und ihre Bedeutung für die Theaterarbeit. Obwohl ich mich nicht zu oft wiederholen möchte, gibt es doch noch ein paar zusätzliche Hinweise, die sich als nützlich erweisen könnten.

Anus

Wenn wir einen Hund beobachten, ist sein Schwanz ein guter Indikator für seine Gefühle. Angst bewirkt, daß sein Steißbein sich nach unten biegt, bis der Schwanz zwischen seinen Beinen verschwindet, aber wenn der Hund aufgeregt ist, hebt sich sein Steißbein, und der Schwanz richtet sich auf. Ist er unglücklich, klemmt er den Schwanz ein. Ist er zufrieden oder kampfbereit, richtet er den Schwanz auf. Menschen haben auch einen Schwanz, genau am Ende der Wirbelsäule nahe am Anus. Wenn Menschen älter werden, verlieren sie nach und nach ihre Energie, und ihr Schwanz (oder Steißbein) neigt möglicherweise dazu, sich nach unten zu biegen. Wenn wir einen alten Mann oder eine alte

Frau sehen, können wir oft beobachten, daß ihr Steißbein direkt unter einer gekrümmten Wirbelsäule eingeklemmt ist. Da es nicht weit genug nach außen gebogen ist, können Rückenschmerzen und Steifheit die Folgen sein.

Um unsere Triebkraft auf der Bühne zu steigern, ist es am besten, wenn wir das Steißbein immer leicht nach außen biegen. Wie bei einem Vogel. Natürlich kann man das Steißbein nicht wie einen Hundeschweif vom Körper weg in die Luft strecken, aber man kann es direkt an der Basis der Wirbelsäule ein kleines bißchen nach außen schwenken. Diese Form wird im Noh-Theater benutzt.

Es gibt drei Hauptstile im klassischen japanischen Theater: Noh-Theater, Kabuki und Bunraku, die alle vor dem 18. Jahrhundert entstanden sind. Diese Stile werden auch heute noch in einer Art und Weise auf der Bühne vorgeführt, die der ursprünglichen Form ziemlich nahekommt, und haben ein treues und ergebenes Publikum. In allen drei Stilen werden die Traditionen von bestimmten Familien weitergereicht und aufrechterhalten, und nur männlichen Schauspielern ist es erlaubt, auf der professionellen Bühne aufzutreten, obwohl nicht zur Familie gehörende Mitglieder als Amateure Unterricht erhalten können.

Als junger Mann erhielt Yoshi seine Ausbildung innerhalb dieser Traditionen. Da er oft auf Konzepte und Techniken aus diesen Quellen verweist, sind einige Hintergrundinformationen vielleicht von Nutzen. Besonders gern beruft er sich auf seine Ausbildung im Noh-Theater.

Das Noh-Theater entstand zu Beginn des 14. Jahrhunderts, und seine Regeln wurden von seinem großen Meister Motokiyo

Zeami festgelegt. Es ist ein minimalistisches Theater, benutzt eine leere Bühne, kein Bühnenbild und nur wenige Requisiten, um auf die Wirklichkeit anzuspielen, die zum Leben erweckt werden soll. Dagegen sind die Kostüme prachtvoll. In einer klassischen Aufführung treten zwei charakteristische Gattungen auf: Noh und Kyogen. Die erste, Noh, ist ein hochstilisiertes Maskentheater mit ritualisierten Tanzbewegungen, musikalischer Begleitung (Trommeln und Flöte), einem Chor und einer sehr betonten Stimmführung bei den Schauspielern. Seine Themen haben einen Hang zur Melancholie, handeln von Sehnsucht, Verlust und den Launen des Lebens und der Liebe. Die verschiedenen Geschichten sind in fünf Kategorien eingeteilt: Götter, Krieger, Unglückliche Frauen, Verrückte Frauen und Dämonen. Trotz der verzweifelten Lage, in der sich die Gestalten befinden, werden Gefühle nur sparsam ausgedrückt, und es gibt auch nur wenige direkte Konflikte oder spektakuläre Effekte.

Die zweite Gattung ist Kyogen, ein derber Komödienstil, der auch Elemente der Farce einsetzt. Die Geschichten sind sehr erdverbunden, erzählen von dummen Göttern, häßlichen Weibern und (sehr typisch) einem Herrn und zwei schlitzohrigen Dienern. Im Kyogen ist die Sprache naturalistischer als der Darstellungsstil.

Noh und Kyogen wurden nach althergebrachter Weise gleichzeitig in einem einzigen Programm aufgeführt, mit fünf Noh- und vier Kyogen-Stücken, die abwechselnd auf die Bühne kamen. Auf diese Weise wurde das Publikum von der Tragödie zur Komödie und dann wieder zur Tragödie hingeführt, und so weiter in der Abfolge der neun Stücke. Obwohl dieses umfangreiche Programm heute nicht mehr so oft aufgeführt wird, ist es wichtig zu verstehen, daß die beiden Stile traditionell als gegenseitige Ergänzungen angesehen wurden.

Beide Formen erfordern ähnliche technische Fertigkeiten, wie zum Beispiel die Art und Weise des Sichbewegens und Singens, und beide verwenden die Stilisierung (obwohl sie im Noh augenfälliger ist als im Kyogen). Doch auch wenn sie eine Bühne und eine Tradition gemeinsam haben, gibt es keine Übereinstimmungen bei der Ausbildung und dem Repertoire der Darsteller selbst. Zwar taucht in einem Noh-Stück gelegentlich ein Kyogen-Charakter auf, doch nur die Noh-Schauspieler spielen die Hauptrollen in Noh-Stücken, und nur Kyogen-Darsteller führen Kyogen-Stücke auf. Aber gerade diese Kombination von Noh und Kyogen macht das Wesen des Noh-Theaters aus. L. M.

Im Noh-Theater gibt es besondere Techniken des Singens. Bei einer dieser Methoden wird die Konzentration genau auf das untere Ende der Wirbelsäule gerichtet. Wenn man in der Stimmlage höher geht, zieht man den Anus zusammen. Dazu stellt man sich vor, daß die Stimme die Wirbelsäule hochwandert, wenn die Stimmlage höher wird. Und wenn man in der Stimmlage tiefer geht, stellt man sich vor, daß der Ton an der Vorderseite des Körpers hinabläuft, bis er den Bauch erreicht. Im Noh-Theater laufen die aufsteigenden Töne den Rücken hinauf, und die absteigenden Töne wandern die Vorderseite hinab. Das entspricht auch bestimmten Auffassungen in der Yoga-Praxis.

Wenn ein Darsteller schreit, wütet oder herumtobt, ist es meist eine gute Idee, den Anus zusammenzukneifen. Versuchen Sie, eine heftige Bewegung auf normale Weise zu machen, dann wiederholen Sie das Ganze und pressen dabei den Anus zusammen. Beobachten Sie, ob es einen Unterschied gibt. Wenn Sie den Anus zusammenziehen, spüren Sie vielleicht eine Art Schock an der Schädeldecke. Die beiden Enden der Wirbelsäule scheinen tatsächlich miteinander verbunden zu sein, und unsere Energie fließt zwischen diesen beiden Punkten hin und her. Außerdem werden der Hals oft eng und die Stimme eingeschnürt, wenn Sie auf der Bühne schreien. Aber wenn Sie beim Hervorbringen eines lauten Tons ganz fest daran denken, den Anus zusammenzuziehen, bleibt der Hals entspannt, und die Gefahr, daß die Stimme Schaden leidet, ist geringer.

Das *Hara*

Im klassischen japanischen Theater ist viel vom *Hara* die Rede. Die Lehre lautet, vom *Hara* aus zu agieren, zu versuchen, das *Hara* des Charakters zu erfassen und seinen Partner mit *Hara* anzusehen. Schauspieler lachen aus dem *Hara*, schreien wutentbrannt aus dem *Hara*, weinen aus dem *Hara*. Ohne eine innere Verbindung zum *Hara* hat ein Schauspieler seine Außenwelt nicht voll im Griff. Bevor Schauspieler also etwas darbieten, müssen sie sich mit dem *Hara* verbinden und von ihm leiten lassen.

Leider weiß keiner so genau, was das *Hara* ist, nicht mal die Japaner. Wortwörtlich heißt es »Bauch«, sowohl innen wie außen, und bezieht sich auf den Bereich, der zwischen dem Nabel und dem Anfang des Schambeins liegt. Aber die Funktion des *Hara* umfaßt weit mehr als eine simple anatomische Lokalisierung.

Im Noh-Theater betonten meine Lehrer immer wieder, wie wichtig es sei, die Energie im *Hara* zu bündeln und mir in all meinen Aktionen seiner Gegenwart bewußt zu sein. Ich lernte, daß wenn Noh-Schauspieler gehen, es das *Hara* ist, das vorauswandert, und der Körper ihm folgt. Und wenn sie sich umdrehen, um in eine andere Richtung zu gehen, drehen sie nicht einfach ihre Füße um. Statt dessen ändert das *Hara* zuerst die Richtung, und der Fuß folgt. Wenn sie sich hinknien, läßt das *Hara* sich herab. Wenn sie aufstehen, steigt das *Hara* hoch, bewegt sich weiter aufwärts und zieht den Rest des Körpers mit sich. Alle Aktionen beginnen im *Hara*, und der Körper folgt. Wenn man sich aus dem *Hara* bewegt, wirken die Bewegungen organisch.

Ich habe bereits das Zusammenkneifen des Anus erwähnt, wenn man einen lauten Ton hervorbringen muß, wie zum Beispiel Schreien oder Brüllen. Auf dieselbe Art und Weise kann man sich auch auf das *Hara* konzentrieren, wenn man eine starke Vokalkraft aufbieten muß, vor allem eine, die mit einem emotionalen oder dramatischen Höhepunkt verbunden ist. In der Tat sollte jede Gefühlsregung zum *Hara* hinabgehen. Wenn man in einem Gefühl schwelgt, wird man dieses Gefühl natürlich in der Brust fühlen, aber man sollte versuchen, es auch weiter unten mit dem *Hara* zu erreichen, statt es nach oben entweichen zu lassen, indem man schreit, mit den Armen fuchtelt und theatralisch über die Stränge schlägt.

Wenn Sie im wirklichen Leben einem bedeutenden Menschen begegnen oder jemandem, den Sie achten, oder wenn Sie sich geistig oder seelisch in einer heiklen Lage befinden oder wenn Sie sich fürchten oder ärgern, antwortet Ihr Körper. Und dann passiert es normalerweise, daß Ihre Schultern sich heben. Da Sie auf der Bühne ziemlich oft nervös oder aufgeregt sind, geschieht dasselbe: Ihr Körper verändert sich, und Ihre Schultern heben sich. Aber als Schauspieler darf man nicht vergessen, die Schultern wieder zu senken. Wenn sie oben bleiben, sehen Sie erschrokken aus, und Sie können Ihrer Stimme schaden. Natürlich müssen die Schultern manchmal hochgezogen werden, wenn es zur Rolle paßt, aber grundsätzlich sollten Sie versuchen, sie unten zu behalten. Vergeuden Sie keine Zeit mit dem Versuch, an Ihren Gefühlen zu laborieren oder sich zu sagen »Entspann dich. Entspann dich.« Senken Sie einfach die Schultern. Sich auf die Schultern zu konzentrieren ist besser, als »Entspann dich« zu sagen, denn aus der »Entspannung« entsteht in der Regel keine gute Schauspielerei. Wie ich schon einmal sagte, wollen Schauspieler nicht »entspannt« sein; sie wollen frei und lebendig sein. Eine andere Methode, zu verhindern, daß die Schultern sich heben, wenn Sie starke Emotionen erleben, besteht darin, daß Sie sich auf Ihr Ziel konzentrieren.

Wenn man versucht, diese Anweisungen alle gleichzeitig zu beachten, ist das natürlich unmöglich. Man kriegt dann überhaupt nichts hin. Sobald man auf der Bühne steht, sollte man alle Anweisungen vergessen. Aber es ist nützlich, sie beim Üben oder Training zu erkunden.

Das Sternum

Für den Schauspieler ist das Sternum oder Brustbein ebenfalls wichtig, denn das Seelenleben ist mit diesem Körperbereich verbunden. Wenn ein Mensch zum Beispiel Gefühlsschwankungen erlebt und erst glücklich, dann traurig ist, verändert sich meist auch die Stellung seines Brustbeins. Wenn wir voller Hoffnung sind, will das Sternum sich eher nach vorn und hoch schieben: es hebt sich. Und wenn wir traurig sind, senkt es sich eher nach unten und hinten, wobei der Brustkorb einfällt. Die eigentlichen Bewegungen mögen nicht sehr groß sein, aber das Brustbein ist immer mit unserem Innenleben verbunden.

Wir können diese Verbindung in der entgegengesetzten Richtung nutzen, damit sie uns beim Spiel unterstützt. Versuchen Sie beim Einstudieren oder Ausloten von Emotionen einmal behutsam, das Brustbein nach oben oder nach unten zu bewegen oder es vor und zurück zu schieben. Beobachten Sie, ob das eine Gefühlsänderung in Ihrem Innern bewirkt. Probieren Sie viele verschiedene Positionen für das Sternum aus (nach hinten schieben, aber mit einem leichten Aufwärtsdreh, oder kräftig nach vorn drücken, und so weiter), und achten Sie darauf, welche Emotionen mit den jeweiligen Positionen verbunden sind. Wenn Sie mit diesen verschiedenen Positionen spielen, können Sie außerdem üben, dem Brustbein mehr Bewegungsspielraum zu geben. Wenn Sie auf der Bühne agieren, sind Sie sich Ihres Brustbeins nicht bewußt, aber wenn es frei und an diesen Bewegungsspielraum gewöhnt ist, können die Zuschauer Ihren Gefühlszustand sehen. Das Brustbein entzieht Ihnen Emotionen und zeigt sie gleichzeitig dem Publikum

Allerdings bilden die Schultern und das Brustbein keine starre Einheit; das Brustbein kann sich unabhängig von den Schultern bewegen. Allzu oft zwingen Schauspieler Brustbein und Schultern in ein einziges starres Dreieck, wenn sie sich bemühen, ihre Körperhaltung zu verbessern, so daß der ganze Oberkörper mitgerissen wird, wenn sie den Brustkorb bewegen. In der Tat braucht man ein bewegliches Brustbein, das sich in jede Richtung verschieben läßt, ohne dabei zwangsläufig die Schultern mitzuziehen. Mit einem steifen Sternum wirken Sie auf der Bühne angespannt und verpanzert, und so können Ihre emotionalen Antworten nur schwer nach außen dringen. Ein bewegliches Sternum hilft Ihnen dabei, lebendig zu wirken und natürlich zu reagieren. Diese selbständigen Bewegungen des Brustbeins können recht subtil sein; sie brauchen nicht heftig auszufallen, um wirkungsvoll zu sein.

Im afrikanischen Tanz lernt man, das Brustbein in senkrechter Richtung kreisen zu lassen. Die Schultern rühren sich dabei nicht vom Fleck (sie sind ein Festpunkt), aber der Brustkorb hebt sich, schiebt sich nach vorn, nach unten, nach hinten und immer so weiter. Dann macht man diese Kreisbewegung genauso in der umgekehrten Richtung. So wird das Sternum geschmeidig und bekommt Bewegungsspielraum. Bei dieser Arbeit lohnt es sich auch, auf die Beziehung zwischen Brustbein und Steißbein zu achten. Wenn zum Beispiel das Brustbein einen Kreis beschreibt, kann sich das Steißbein nach innen und außen bewegen. Diese Übung erhöht die Biegsamkeit und Reaktionsfähigkeit im ganzen Rumpf. Da die Nerven, die den Körper mit dem Gehirn verbinden, über die Innenseite der Wirbelsäule den Körper hinablaufen, scheint das Rückgrat bei dieser Bewegung die Nerven auch noch wie bei einer Massage zu stimulieren. So werden sie empfindlicher.

Die Mittellinie des Körpers

Ein japanischer Philosoph wandte sich mit einer Bitte an seinen Schüler. Er empfahl dem Schüler, immer dann, wenn er ein Buch las oder einem Lehrer lauschte, sich um eine gute Körperhaltung zu bemühen – eine gute Körperhaltung und ruhige Atmung. Von alters her äußern die meisten Lehrer in Japan diesen Wunsch, da man tatsächlich mehr zu lernen scheint, wenn der Körper in einer geraden Linie ausgerichtet ist. So versteht man das, was der Lehrer oder das Buch sagen, besser.

Eine gute Körperhaltung ist allerdings keine steife Körperhaltung. Man sollte sich gerade halten, aber auch entspannt bleiben. Das japanische Wort »Judo« besteht aus zwei Begriffen; das *ju* heißt »sanft/sacht«, und *do* ist »der Weg«. So bedeutet das ganze Wort »sanfter Weg«. Wenn man sanft gestimmt ist, fällt es leicht, den Körper zu bewegen, und die eigene Energie kann sich entwickeln und entfalten.

Wir alle sind mit der Linie unserer Wirbelsäule vertraut, die den Rücken des Körpers hinunterläuft, aber es gibt noch eine andere Linie, die den Körper durchquert: die Mittellinie. Diese läuft von der Stirn zur Rille unter der

Nase, dann über den Hals zum Brustbein, von dort zum Nabel bis zum *Hara*, und schließlich wendet sie sich nach unten, um den Anus zu berühren. Diese Linie reicht bis zum Hals an der Außenseite des Körpers, dann setzt sie sich nach unten im Innern des Körpers fort, wie ein Spieß durch einen Kebab. Allerdings sind Spieße starr, während diese Linie weich und biegsam wie Gummi ist.

Wenn man sich dieser Mittellinie bewußt ist, kann man auch ein anderes Gespür für den eigenen Körper entwikkeln. Vor allem schenkt man den beiden Hälften des eigenen Körpers – der rechten und der linken Seite – mehr Beachtung und begreift, wie dieser Körper mit seiner Umgebung rings um ihn herum verbunden ist.

Yoshi absolvierte eine mehrjährige Ausbildung in Kyogen und beruft sich oft auf den Rat seines Kyogen-Lehrers. Wie bereits erwähnt, werden sowohl Noh- als auch Kyogen-Stile von einer Anzahl von Familien gepflegt, die die besonderen Techniken und Traditionen an die nachfolgenden Generationen weitergeben. Das Oberhaupt jeder Familie ist für das Management der Schauspieltruppe verantwortlich, es organisiert das Repertoire und überliefert die Techniken und Trainingsmethoden. Im Noh gibt es fünf Schauspielerdynastien, im Kyogen sind es gegenwärtig nur zwei Familien. Yoshis Lehrer Yataro Okura war das Oberhaupt der Okura-Tradition im Kyogen. L. M.

Mein Lehrer, Meister Okura, erzählte mir gern, wenn man sich mit Dingen befaßt, die sich auf die rechte Seite der Bühne beziehen, sollte man die rechte Seite des Körpers benutzen, d. h. das rechte Bein und den rechten Arm. Wenn man sich mit Dingen befaßt, die die linke Seite der Bühne betreffen, benutzt man die linke Seite des Körpers. Die Mittellinie des Körpers sollte dabei nicht überschritten werden. Wenn man zum Beispiel auf jemanden zeigt, der auf der rechten Seite des eigenen Körpers steht, benutzt man die rechte Hand. Auf jemanden, der auf der linken Seite steht, deutet man mit der linken Hand. Wenn die Choreographie verlangt, daß man mit nur einer Hand einen weiten Bogen durch den Raum beschreibt, sollte man außerdem stets vermeiden, die Mittellinie des Körpers zu überschreiten. Zum Beispiel wenn man die rechte Hand benutzt, um von der rechten nach der linken Seite der Bühne zu zeigen. Man beginnt damit, daß man das Publikum ansieht und die rechte Hand von der äußersten rechten Seite aus in einem weiten Bogen nach links bewegt. Sobald die Hand in ihrem Bogenschlag die Mitte der Bühne erreicht, dreht man den ganzen Körper nach links, um die Bewegung fortzusetzen. Die Hand selbst bewegt sich nicht über die Mittellinie des Körpers.

Es gibt eine Übung, die Ihnen dabei hilft, die Harmonie Ihres Körpers zu verstehen: Konzentrieren Sie sich auf diese Mittellinie und bewegen Sie den Körper symmetrisch. Im alltäglichen Leben bewegen wir uns nie symmetrisch. Wir neigen dazu, Dinge mit jeweils einer Hand oder einem Bein zu tun. Wenn wir uns hinsetzen, lehnen wir unseren Körper zurück oder lassen ihn in einen Sessel fallen, nehmen also eine asymmetrische Haltung ein. Sie können alle möglichen Bewegungen mit den Armen, Beinen, Schultern, Ellbogen, Füßen und so weiter, sogar mit den Fingern machen. Improvisieren und versuchen Sie, alle Möglichkeiten des Körpers auszuloten, während er vollkommen symmetrisch bleibt. Gehen ist die Ausnahme, da man dann nur noch springen kann, um den Körper zu verlagern und dabei beide Beine symmetrisch zu benutzen. Gehen Sie also einfach einmal im Raum herum, während Sie bei allen anderen Aktionen die Symmetrie einhalten. Und Sie sollten den Kopf frei bewegen können, denn Sie müssen immer auf das achten, was in Ihrer Umgebung vorgeht.

Andere Arten täglicher Vorbereitung

Ki

1973 unternahm ich mit Peter Brooks Truppe eine wunderbare Reise durch Afrika. Wir reisten von Algerien durch die Sahara-Wüste nach Nigeria und Benin (und wieder zurück) und traten unterwegs in zahlreichen Dörfern auf. Bei diesen Aufführungen legten wir einfach einen Teppich auf den Boden und improvisierten aus dem Stegreif drauflos. Jemand begann irgendeine Geschichte zu erzählen, und wir alle versuchten, sie zu einer Vorstellung auszubauen, die ungefähr fünfundvierzig Minuten dauerte. Etwas, an das ich mich von damals erinnere, war, daß mich einer der anderen Schauspieler nach dem Purzelbaum fragte, den ich während der Aufführung geschlagen hatte. Ich war verblüfft und sagte: »Aber ich kann gar keinen Purzelbaum schlagen!« Er antwortete, daß ich ohne jeden Zweifel einen Purzelbaum auf dem Teppich geschlagen hätte. Ich konnte mich beim besten Willen nicht daran erinnern, das getan zu haben, aber es war trotzdem passiert. Irgendwie veranlaßten mich der Druck der Improvisation und die Aufregung darüber, eine Show aus dem Boden stampfen zu müssen, dazu, etwas zu tun, von dem ich nicht wußte, daß ich es konnte. Die Fähigkeit, einen Purzelbaum zu schlagen, muß in mir geschlummert haben, aber bei normalen Aufführungen befand ich mich stets auf vertrautem Boden und arbeitete mit meinen Fähigkeiten innerhalb meines gewohnten Aktionsradius.

Offenbar verfügen wir Schauspieler über mehr Möglichkeiten als uns klar ist. Bei unseren Auftritten überschreiten wir selten die Grenzen unseres normalen Bewußtseins und Begreifens. Wir machen, was wir wissen, daß wir es machen können. Doch wenn wir aufgeregt oder verwirrt sind, tauchen manchmal Fähigkeiten auf, derer wir uns nicht bewußt sind. Da gibt es noch etwas Tieferes. Wenn man zu sehr auf die eigene bewußte Intelligenz und analytische Kraft fixiert ist, kann das zu einer Fessel werden; man muß sich immer darüber im klaren sein, daß es im Innern noch andere verborgene Möglichkeiten gibt. Ohne dieses erweiterte Bewußtsein kann man jene Kraftquellen außerhalb des normalen Alltagslebens nicht erschließen. Man kann diese Energie dann nicht heraufbeschwören.

Aber wie kann man diese Kraftquelle heraufbeschwören, sobald man sich ihrer bewußt geworden ist?

Im Japanischen wird diese subtile Kraft *ki** genannt, aber da es kein gleichwertiges Wort in den europäischen Sprachen gibt, ist es sehr schwer zu erklären. Man kann *ki* weder sehen noch anfassen. Es gehört nicht zu den fünf

* Der deutsche Begriff lautet Qi. (A. d. Vlgs.)

Sinnen. Man kann es fühlen, wenn man feinfühlig genug ist, aber die meisten Leute sind sich dieses *ki* nicht bewußt. Es ist etwas hinter der materiellen Realität Verborgenes. Wenn man den Zweig eines Baums öffnet, wird man die neue Blüte nicht finden. Aber es gibt da irgendeine unsichtbare Lebens- oder Tatkraft im Baum, die eine Blüte hervorbringt. Es kann bis heute noch nicht wissenschaftlich erklärt werden, aber vielleicht gelingt es der Wissenschaft in einigen Jahren, die Existenz und Funktionsweise des *ki* zu erhellen.

Die östliche Akupunkturtechnik geht davon aus, daß es im Körper Kanäle gibt, die verschiedene Organe und körperliche Funktionen miteinander verbinden. Diese Meridiane sind ein materialisierter Ausdruck von *ki*. Die chemischen Vorgänge im Körper sind auch mit *ki* verknüpft. Obwohl *ki* kein Bestandteil des Geistes ist, kann man den eigenen Geist benutzen, um die Tätigkeit des *ki* anzuregen, damit der Körper mit *ki* handeln kann.

Aikido ist vielleicht ein guter allgemeiner Ausgangspunkt, um zu beobachten, wie *ki* entwickelt werden könnte, da die wörtliche Übersetzung des Wortes »der Weg *(do)* der Begegnung/des Austauschs *(ai)* mit *ki*« ist.

In der Tat erkennen alle traditionellen Kampfsportarten Japans die Bedeutung des *ki* an; sie wissen, daß Kampf etwas mehr bedeutet, als die Muskeln spielen zu lassen. Wenn Sie mit *ki* kämpfen können, ist Ihr Kampf stärker als irgend etwas, was Sie durch Muskelkraft erreichen können. Meisterkämpfer suchen immer nach Wegen, um ihr *ki* zu steigern und zu lenken, selbst dann, wenn es sich nur um eine alltägliche Situation zu handeln scheint.

Man kann noch einen anderen möglichen Weg erkunden. Gegen Ende des 20. Jahrhunderts schuf Haruchika Noguchi (der ursprünglich ein traditioneller Masseur war) eine *seitai* genannte Methode der Selbstmassage und Heilung. Er sagte, bei modernen Menschen sei die Intelligenz zwar hoch entwickelt, aber sie müßten zu einem primitiveren Körperzustand zurückfinden, da sie den Kontakt zur Quelle verloren haben, aus der unsere tiefsten Energien stammen. Er schlug viele Übungen vor, unter anderem eine namens *yukiho* (*yu* ist der »Weg hindurch/zu«, *ki* ist Energie, *ho* ist »Methode«). Der Geist kann das *ki* entweder bündeln und festhalten oder wegschicken. Atmung und Vorstellungskraft lassen sich in Kombination mit den körperlichen Übungen lenken.

In der Tat steht *ki*, wie ich beobachtet habe, mit drei Elementen in Verbindung: Atmung, Wirbelsäule und Vorstellungskraft.

Schauspieler wissen schon längst, wie wichtig es ist, ihre Atmung zu entwickeln, und es gibt viele gute Methoden, um auf diesen Bereich einzuwirken. Am besten versucht man bei verschiedenen Lehrern zu lernen, bis man einen Ansatz findet, der zu einem selbst paßt. Aber das Wissen um den Atem beschränkt sich nicht darauf, mit den Lungen zu arbeiten. Zum Beispiel verneigt man sich in allen Formen der traditionellen japanischen Kampfsportausbildung, wenn man den Übungsraum betritt. Und vor dem Turnier verbeugt man sich vor den anderen. Nicht aus religiösen Gründen. Es ist auch keine reine Formsache. Wenn Sie sich verneigen, nehmen Sie Verbindung mit Ihrer Atmung auf. Wenn Sie sich verbeugen, atmen Sie normalerweise aus. Das ist die physikalische Gesetzmäßigkeit. Und beim Ausatmen überträgt sich Ihre Energie auf Ihren Partner. Das hilft Ihnen dabei, Ihre Atmung zu kräftigen, und Sie können mit Ihrem Partner Energie austauschen. Die Verbeugung hilft Ihnen auch dabei, mit der Mittellinie des Körpers Kontakt aufzunehmen. Wenn Sie sich zusammen mit Ihrem Partner verneigen, können Sie außerdem die räumliche Beziehung zwischen ihm und Ihnen spüren. Obendrein werden Sie dabei ruhiger, und diese Ruhe gibt Ihnen die Möglichkeit, sich frei zu bewegen. Tatsächlich können in einer einfachen Handlung eine Menge Möglichkeiten stecken.

Ich habe schon viel über das zweite Element des *ki* (die Wirbelsäule) gesagt, sowohl hier als auch im *Unsichtbaren Schauspieler*. Das dritte Element, die Vorstellungskraft, ist für den Schauspieler genauso interessant.

Probieren Sie es doch einmal selbst aus. Stellen Sie sich in einem freien Raum hin, zwei Personen stehen rechts und links von Ihnen. Beugen Sie Ihre Arme im rechten Winkel, aber halten Sie Ihre Oberarme nah am Körper, so daß Ihre Unterarme in einem horizontalen Winkel nach vorn ragen, parallel zum Fußboden. Ihre Partner packen Ihre Ellbogen und Handgelenke von unten. Sie versuchen dann, Sie vom Boden weg senkrecht hochzuheben.

Stellen Sie sich zuerst vor, daß Sie bereits zum Himmel hinauffliegen, während Ihre Partner versuchen, Sie hochzuheben. Wiederholen Sie dann die Übung und stellen sich nun vor, daß Sie sich nach unten in die Erde hineinbohren. Sie ändern dabei nichts an Ihrem Körper, nur an Ihrer Vorstellungskraft. Trotzdem fühlt sich das Gewicht Ihres Körpers irgendwie anders an. Normalerweise erleben auch die Leute, die Sie hochheben, einen deutlichen Unterschied zwischen den beiden Aktionen; im ersten Fall gelingt es ihnen meist, Sie deutlich sichtbar hochzuheben (die Höhe hängt davon ab, wie leicht die Person ist und wie stark die Leute sind, die sie heben), während es im zweiten Fall oft einen harten Kampf gibt, um Sie überhaupt vom Boden hochzukriegen. Den andern kommt es so vor, als habe Ihre Vorstellungskraft das Gewicht Ihres Körpers irgendwie verändert. Natürlich bleibt das eigentliche physikalische Körpergewicht unverändert; Sie haben nicht plötzlich zehn Kilo eingebüßt. Vielleicht liegt es daran, daß die Vorstellungskraft unsere Energie verwandelt und diese verwandelte Energie sich auf die körperliche Beziehung zu anderen Menschen auswirkt.

Es scheint eine ganze Reihe von Wegen zu geben, um mit *ki* Verbindung aufzunehmen. Alle Kinder umarmen gern große Bäume, weil sie irgendwie Kontakt zu ihnen suchen. Ich mache es genauso. Das ist eben keine Frage von Haut berührt Borke, sondern von etwas Tieferem, von meinem *Hara*, das mit der tiefen Lebensenergie des Baums Verbindung aufnimmt. Wenn ich das in einem öffentlichen Park mache, sehen mich die Leute leider sehr verwundert an. Es ist besser, einen schönen stillen Wald aufzusuchen.

Ich hörte einmal, daß während des Zweiten Weltkriegs einige holländische Gefangene einen Weg fanden, sich selbst zu helfen, wenn sie krank wurden. Es gab weder Medikamente noch Ärzte oder Krankenschwestern, aber sie entdeckten, daß sich etwas veränderte, wenn sie einen

Kranken fest in die Arme nahmen. Die Haltung der beiden Körper war wichtig; der Kranke sah den Helfer an und achtete darauf, daß beide Körper engen Kontakt miteinander hatten. Diese Haltung wurde über längere Zeit aufrechterhalten. Sie konzentrierten sich auch auf Gefühle der Liebe und Zuneigung, während sie sich umarmten. Auf diese Weise bildeten sowohl der Körper als auch das Gefühl der Helfer eine Einheit. Und irgendwie funktionierte diese Behandlung. Abgesehen von sexueller Aktivität sind unsere Beziehungen zu anderen Menschen selten körperlicher Art. Wir können miteinander reden und lachen oder nebeneinander hergehen, aber wir nehmen selten mit den Körpern der anderen Verbindung auf. Der Körper selbst besteht jedoch nicht bloß aus Haut, Muskeln und Knochen, er ist auch noch etwas anderes.

Ein Sushi-Meisterkoch sagte einmal, daß die Reisbällchen für Sushi nicht so gut schmecken, wenn man sie mit einer Maschine herstellt. Man muß die Bällchen von Hand machen. Wenn Sushi von Hand gemacht wird, verläßt das *ki* des Kochs den Körper über die Handfläche und fließt in den Reis, und dadurch schmeckt er besser.

Reinigung

Jeden Morgen putzt man sich die Zähne und wäscht den Körper, aber wie steht es mit dem Geist? Die meisten von uns glauben, daß wir sowohl einen Körper als auch einen Geist haben, aber in der Hektik des Alltagslebens gerät der zweite Teil leicht in Vergessenheit. Man weiß, der Körper muß sauber und frisch sein, doch auch der Geist muß gereinigt werden. Man sollte das (genauso wie Zähneputzen) jeden Tag tun, aber besonders wichtig ist es, wenn man sich auf einen Auftritt vorbereitet.

Die alte Shinto-Religion Japans legt sowohl in ihrer Theologie als auch in ihrer Praxis großen Wert auf Reinigung. Nach dem Shinto-Schöpfungsbericht stieg der Gott Izanagi in die Unterwelt der Toten hinab. Bei seiner Rückkehr badete er, um seinen Körper zu reinigen, und als er sich reinigte, entstanden andere Götter, Wesen und Landmassen. Auf diese Weise sind Schöpfung und Reinigung eng miteinander verbunden. Anhänger des Shinto waschen ihren Körper jeden Morgen, indem sie in kaltem Wasser baden (am besten im Meer oder in einem Bergwasserfall, aber eine kalte Dusche im Badezimmer tut es auch). Auch mit Meditation befreit man den Geist vom Schmutz, der von den Drangsalen des täglichen Lebens verursacht wird. L. M.

In der traditionellen japanischen Kalligraphie verwendet man einen Pinsel, um mit Tinte schwarze Linien auf ein weißes Blatt Papier zu setzen. Dann erscheint Bedeutung. Weißes Papier allein teilt nichts mit. Erst wenn die schwarzen Zeichen vorhanden sind, kann Bedeutung erscheinen. Das Weiß hat Bedeutung, weil das Schwarz da ist. Und wenn das Weiß nicht da ist, kann das Schwarz keine Bedeutung hervorbringen.

Wenn aber das Papier schon schmutzig ist, kann die Bedeutung nicht zum Vorschein kommen. Ist zu viel Schmutz und Dreck vorhanden, lassen sich die Pinselstriche nur schwer entziffern. Es ist das gleiche, wenn man auf der

Bühne ist. Es reicht nicht aus, nur das normale alltägliche Selbst zu sein; man muß das eigene Leben läutern, damit das, was man mitteilen will, auch genau verstanden wird.

Wenn ich mir mein Leben seit meiner Geburt anschaue, kann ich sehen, daß mein weißes Papier ziemlich schmutzig geworden ist. Es gibt eine Menge Schmutz in meinem Leben. Die Leute sagen: »Das ist halt mein Charakter oder meine Lebenserfahrung.« Man kann es positiv, aber auch negativ sehen. Mein Wissen und meine Erfahrung haben sich in mein Papier eingezeichnet und es verschmutzt, und die Pinselstriche sind schwerer zu lesen. Obendrein hat ein großer Teil meiner Erfahrung keine besondere Qualität; er ist schlicht und einfach Gewohnheit. Aber ich kann zumindest versuchen, mein Papier zu säubern, damit die Schrift, die dort erscheint, für das Publikum so klar und deutlich wie möglich ist.

Wie könnte diese Reinigung nun aussehen? Es gibt nicht nur eine Methode. Einige Leute meditieren nach ihren verschiedenen Traditionen, singen oder machen Atemübungen. Andere widmen sich vielleicht der Teezeremonie oder der Gartenarbeit; wieder andere nehmen Kaltwasserduschen oder gehen im Wald spazieren, hören Musik oder liebkosen andere Menschen.

Es ist aufschlußreich, daß einige dieser Reinigungspraktiken wieder einmal etwas mit der Wirbelsäule zu tun haben. In der Meditation und bei einigen Gesangsformen wird die Wirbelsäule in einer Geraden gehalten, während sie sich bei bestimmten *Aikido*-Übungen entweder in Gestalt einer 8 oder einer Spirale bewegt. Bevor man in Afrika auf die Jagd geht, führen die Männer einen rituellen Tanz auf, der sie auf die Jagd einstimmen soll. Bei diesem Tanz bewegt sich die Wirbelsäule wellenförmig. In der Tat gibt es im afrikanischen Tanz viele Bewegungen, an denen die Wirbelsäule beteiligt ist; das Rückgrat bewegt sich wellenförmig vom Steißbein bis zur Schädeldecke, während das Brustbein sich kreisförmig bewegt. Wir wissen, daß diese Bewegungen dem Körper guttun, aber vielleicht helfen sie auch dabei, den Geist zu reinigen. Ich weiß es nicht. Es gibt viele Möglichkeiten, aber was immer man bevorzugt, mein Gefühl sagt mir, daß man den Geist reinigen muß. Jeder Mensch geht hier seinen eigenen Weg oder folgt seiner eigenen Methode.

Nach dem Shinto-Glauben ist man bei der Geburt vollkommen makellos, gottgleich. Auf dem weiteren Lebensweg fällt viel »Staub« aufs eigene Wesen, sowohl auf den Körper als auch auf den Geist. Daher ist bei der Shinto-Praktik die Reinigung von entscheidender Bedeutung, um den Zustand wiederzuerlangen, in dem man geboren wurde. Es gibt ähnliche Auffassungen in anderen Religionen. Nach dem esoterischen Buddhismus ist das erste, was man bei der Geburt von sich gibt, der Laut »Ah«. Das ist der Klang der reinen Schöpfung. Wer sich mit dieser Tradition verbunden fühlt, strebt sein ganzes Leben lang danach, diesen ersten mühelosen Laut »Ah« wiederzufinden.

2 AUF DEM WEG INS THEATER

Auf dem Weg ins Theater gehe ich oft in ein Café. Während ich meinen Kaffee trinke, genieße ich es, die Passanten zu betrachten. Die Menschen sitzen aus vielen Gründen in Cafés; manche bewundern die Architektur der historischen Straße oder mögen die Wärme, die Musik im Hintergrund oder die Kleider und Moden, die zur Schau gestellt werden. Ich interessiere mich allerdings nur dafür, das Verhalten der Leute draußen auf der Straße zu beobachten. Aber nicht nur das Leben der Menschen ist spannend, es ist auch interessant, die Tiere zu beobachten. Ein Hund wartet draußen vor einem Geschäft auf seinen Herrn; woraus besteht sein Leben, während er wartet? Was geht in seinem Gehirn vor? Was läuft in seinem Innern ab? Das ist faszinierend.

Es ist das gleiche für mich im Theater. Wenn ich schöne Kostüme, das Bühnenbild oder die Beleuchtung sehe, ist das ganz nett, doch schon nach fünf Minuten packt mich die Langeweile. Aber wenn Menschen sich bewegen, wird es mir nie langweilig. Menschliches Leben ist die interessanteste Sache, die es im Theater zu sehen gibt – Menschen und was in ihnen vorgeht. Es spielt keine Rolle, ob es stilisiert ist wie im klassischen japanischen Theater, in der Oper oder im Tanz, oder ob es sich wie bei Tschechow um realistisches Theater handelt. Wichtig ist, daß ich durch die Stimme, durch die Bewegung, die Musik und den Tanz zu spüren beginne, wie der Mensch lebt.

Im Theater sieht man allerdings etwas anderes als auf der Straße. Theater wählt aus, komprimiert und destilliert das reale Leben. Es ist niemals ein geradliniger Dokumentarbericht. Tschechow mag vielleicht »realistischer« erscheinen als Beckett, aber weder Tschechow noch Beckett nehmen einfach einen Lebensausschnitt und bringen ihn auf die Bühne. Zum Beispiel ist die Zeitskala der Aufführung nicht realistisch; fünf Minuten auf der Bühne können im Leben einzelner Menschen fünf Jahre bedeuten. Für einen in diesen Theaterstücken mitwirkenden Schauspieler liegt die Lösung nicht darin, zu versuchen, das äußere Erscheinungsbild des Lebens unmittelbar nachzuahmen. Statt dessen muß er ergründen, was sich hinter jedem Augenblick des wirklichen Lebens verbirgt und wie er sich ins Getriebe der Welt einfügt. Und das ist auch der Sinn der ganzen Theaterproben: diesem Leben auf die Spur zu kommen. Bloß wie?

Die Intelligenz des Künstlers

Peter Brook erzählte mir einmal eine Geschichte über den großen Maler Cézanne. Wenn er Stilleben malte, brachte er Töpfe, Blumen, Messer usw. vor sich in eine makellose Ordnung, so daß sie nur noch gemalt zu werden brauchten. Aber irgendwie war er mit dieser Komposition nicht ganz zufrieden, und so entschied er sich, um das Arrangement herumzugehen und es sich aus unterschiedlichen Blickwinkeln anzusehen. Plötzlich, als er sich hinter der Komposition befand, blieb er stehen, denn er erkannte, daß es viel interessanter war, aus diesem neuen Blickwinkel zu malen. Und das tat er auch. Zuerst hatten sein Verstand und sein Sinn für Ästhetik seinen Gegenstand makellos angeordnet, und für viele Leute wäre das genug gewesen, aber Cézanne war damit nicht zufrieden. Er mußte noch einen Schritt weitergehen.

Ein guter Künstler vertraut nicht nur seinem eigenen logischen Denkvermögen; statt dessen versteht er, daß man, um etwas Neues zu entdecken, auch neue Wege gehen muß.

Während der Produktion von *Qui est là* am Théâtre des Bouffes du Nord (1995) sprach ich einen Text von Stanislawski:

> *J'arrange les meubles, les chaises. Je place les acteurs. Il faut être comme dans la vie. La scène c'est un miroir de la vie. Il faut être vrai. J'ai conçu très soigneusement mes mises en scène pour que tout soit vrai. Mais le résultat ne reflet pas la vérité; c'est un miroir de mes idées. Que faire? Je me mets de côte, derrière, de l'autre côte. Mais je vois tout, j'entends tout, je comprends tout. C'est beaucoup plus vivant.*
> *[Ich ordne die Möbel, die Stühle an. Ich weise den Schauspielern ihren Platz an. Es muß wie im wirklichen Leben sein. Die Bühne ist ein Spiegel des Lebens. Alles muß wahr sein. Ich habe meine Inszenierung sehr gründlich durchdacht, damit alles wahr sei. Aber das Ergebnis spiegelt die Realität nicht wider; es ist bloß ein Spiegel meiner Gedanken. Was tun? Ich stelle mich auf die eine Seite (der Bühne), gehe dann nach hinten, und*

dann zur anderen Seite. Aber ich sehe alles, höre alles, verstehe alles. Es ist jetzt viel lebendiger.]

Stanislawski brachte alles in eine makellose Ordnung, um das wirkliche Leben widerzuspiegeln. Aber am Ende blieb er nicht bei dieser Anordnung. Wie Cézanne war er unzufrieden mit der ursprünglichen Idee, da ihm klar wurde, daß sie nur die Frucht seines Verstandes war. Also ging er 360 Grad um das ganze Bühnenbild herum, um die beste Position für das Auge des Publikums zu finden. Indem er um die Möbel herumging, entdeckte er ein besseres Arrangement und gruppierte das ganze Bühnenbild entsprechend um. Er gab sich nicht zufrieden mit seiner eigenen Intelligenz oder der anfangs getroffenen bewußten künstlerischen Entscheidung. Vielleicht sollten wir uns überlegen, genauso zu handeln.

Als Schauspieler benutzt man während der Proben die eigene bewußte Intelligenz und Einsicht, um den Hintergrund und die Welt des Theaterstücks zu erkunden. Man liest Bücher oder sammelt Informationen, indem man sich mit anderen Menschen unterhält. Außerdem arbeitet man am Text, um sicherzustellen, daß man genau versteht, was man sagt. Man analysiert Bedeutungen und sucht nach einem psychologischen Verständnis für die Situationen und Charaktere. All das ist entscheidend, um eine genaue und durchdachte Arbeit zu leisten. Aber zu oft endet die Arbeit des Schauspielers an dieser Stelle; er glaubt, das sei mehr als genug, um eine gute Aufführung zu gewährleisten.

Und auf einer bestimmten Ebene stimmt das auch; das Ergebnis dieser Arbeit wird eine gute und korrekte Aufführung sein. Aber kommt das Publikum deswegen ins Theater? Bloß um eine durchdachte, folgerichtige, klar und deutlich vorgetragene Interpretation zu sehen?

Ich habe das Gefühl, daß die Zuschauer mehr wollen, etwas jenseits des Folgerichtigen und Alltäglichen. Etwas, was sie auf einer tieferen Ebene wachrüttelt. Und mein Gefühl sagt mir, daß Schauspieler dafür eine andere, weiterreichende Art von Intelligenz benötigen.

Zu Beginn des 20. Jahrhunderts entwickelte Daisetz Teitaro Suzuki aus dem Zen-Buddhismus verschiedene Konzepte für ein westliches Publikum. In seinem Buch *Zen und die Kultur Japans* wies er darauf hin, daß es drei Arten des Wissens gibt:

Im großen ganzen genommen gibt es drei Arten von Wissen. Die erste gewinnt man durch Lesen und Hören, sammelt sie im Gedächtnis und hält sie gewöhnlich für einen wertvollen Besitz; die Masse des sogenannten Wissens ist von dieser Art. Wir können nicht über die weite Welt wandern und alles selber prüfen, darum sind wir für das Wissen von der Erde auf eine Karte angewiesen, die andere für uns ausgearbeitet haben. Die zweite Art Wissen ist das, was man unter Wissenschaft zu verstehen pflegt. Dies ist das Ergebnis von Beobachtungen und Versuchen, Analyse und Spekulation. Sie besitzt eine festere Grundlage als die erste Art, denn hier ist in einem gewissen Umfang etwas Persönliches und Selbsterlebtes. Die dritte Art Wissen wird durch ein intuitives Begreifen erlangt. Für alle, die an der zweiten Art Wissen hängen, hat die intuitive Wissensform keine feste Grundlage in Tatsachen und ist daher nicht unbedingt verläßlich. Aber in Wirklichkeit ist das sogenannte wissenschaftliche Begreifen keineswegs erschöpfend und bedarf immer neuer Berichtigung, denn es ist auf den Umkreis seiner eigenen Grenzen eingeschränkt. Wenn ein Notfall eintritt, so haben Wissenschaft und Logik keine Zeit mehr, auf ihren Vorrat von Wissen und Berechnung zurückzugreifen, auch das Gedächtniswissen ist nicht zur Hand, denn dem Verstand kann es mißlingen, alles das früher im Gedächtnis Aufgespeicherte heraufzurufen. (...)*

In der Tat können alle drei Arten des Wissens nützlich sein, obwohl jede ihre Grenzen hat. Selbst wissenschaftliches Wissen ist nicht vollkommen; auf vielen Gebieten ändern sich die Theorien und Erklärungen ständig und entwickeln sich weiter. Das gilt vor allem für die Wissensgebiete, die zu ergründen versuchen, was im Innern des Menschen vorgeht. Wissenschaft, Logik und rationales Denken können diesen Bereich heute noch nicht vollständig verstehen.

Oder wie der persische Mystiker und Dichter Rumi es im 13. Jahrhundert formulierte:

> Die Vernunft besteht aus zwei Arten. Die erste Art ist die erworbene, die man wie ein Kind in der Schule lernt.
> Aus Büchern, mit einem Lehrer, durch Nachdenken und mit dem Gedächtnis, durch Begriffe und gute und reine Wissenschaften.

* Daisetz Teitaro Suzuki, »Zen-Buddhismus und sein Einfluß auf die Kultur Japans«, in: *Zen und die Kultur Japans*, Rowohlt Hamburg 1958, S. 11 f.

Dadurch wird deine Vernunft anderen überlegen, aber ihre Bewahrung wird dir zur schweren Last.
Du bist auf deiner Wanderschaft und Suche nach Wissen eine bewahrende Tafel; wer mehr als das erreicht hat, ist die bewahrte Tafel.

Die andere Vernunft ist ein Geschenk Gottes, ihre Quelle liegt inmitten der Seele.
Wenn das Wasser dieses Wissens aus der Brust sprudelt, wird es nicht alt oder gelb oder stinkend,
Und wenn sein Ausfluss angehalten wird, was macht es schon? Es sprudelt ununterbrochen aus dem Haus heraus.
Die erworbene Vernunft ist wie die Wasserrohre, die von der Straße in ein Haus führen,
Wenn die Wasserwege versperrt sind, ist das Haus ohne Wasser. Suche die Quelle in dir selbst!*

Requisiten

Auf der Bühne frage ich mich oft: »Wozu habe ich bloß Arme und Hände?« Ich frage das, weil ich nicht weiß, wo ich sie hintun soll. Ich versuche, die Hände in die Taschen zu stecken, falte sie oder stemme sie in die Hüften. Auf der Bühne fällt es Schauspielern sehr schwer, einfach nur dazustehen oder herumzugehen. Wenn wir die Rückenlehne ei-

* Galall-ad-Din Rumi: *Das Matnawi.* Band II. Drittes und Viertes Buch. Aus dem Persischen übertragen von Bernhard Meyer, Kaveh und Jilla Dalir Azar. Köln 2000, S. 410 (Matnawi IV: 1960-1968).

nes Stuhls festhalten oder die Hand auf den Tisch legen können, fühlen wir uns irgendwie sicher. Oder wenn ein Requisit (eine Blume oder Zigarette, ein Lippenstift oder eine Teetasse) vorhanden ist, können wir es wenigstens in die Hand nehmen, und die Arme haben etwas zu tun. Im wirklichen Leben denken wir nie darüber nach, daß wir zwei Arme und zwei Hände haben, wir denken nie darüber nach, was wir damit anfangen sollen. Und wenn wir Requisiten auf der Bühne haben, bereiten uns diese beiden Anhängsel ebenfalls nicht allzu viel Kopfzerbrechen. Die Beine sind in Ordnung, wir können auf ihnen stehen; nur die Arme stellen ein Problem dar.

Ein Requisit gibt unserem Körper außerdem ein Gefühl der Lebendigkeit, und wenn wir Text sprechen, sind wir nicht nur Sklave des Textes, sprechen nicht nur Wörter mit einem seelenlosen Körper. Statt dessen können wir dank der Requisiten den gesprochenen Text mit Leben erfüllen. Wenn ich zum Beispiel den Satz »Sein oder nicht sein, das ist die Frage …« mit einer Blume oder einem Messer in der Hand spreche, ist das eine ganz andere Erfahrung, als wenn ich ihn mit leeren Händen spreche. Weil ich das Requisit halte, fühle ich mich anders; der Körper kommt ins Spiel und hat etwas zu tun. Ich rede nicht nur davon, Requisiten bloß teilnahmslos zu halten, sondern auch vom körperlichen Umgang mit Dingen, wenn man etwa einen Wollpullover strickt, Whisky trinkt oder sich auszieht. Jedes Requisit erregt ein anderes Gefühl in uns. Und diese verschiedenen Tätigkeiten ergeben zusammen mit dem Text verschiedene Geschichten für das Publikum.

Wann immer ich auftrete oder Regie führe, versuche ich beim Sprechen Requisiten zu verwenden. Tee oder Wein trinken, rauchen, stricken, sich schminken – irgendeine Aktivität. Ich tue das, weil ich es nicht mag, wenn Schauspieler beim Sprechen bloß dastehen oder herumsitzen. Das Publikum nimmt Informationen über das Ohr (es hört den Text), aber auch über das Auge auf. Mit Hilfe von Bewegungen können wir den Text in Theater verwandeln. Normalerweise bedeutet das, daß wir sitzen, stehen und uns hinlegen. Das sind die Grundlagen. Aber wenn wir Requisiten verwenden, können wir die Spannweite unserer Körperpositionen erweitern. So kann das Publikum ein größeres Spektrum körperlicher Aktionen und Reaktionen sehen. Alles wirkt dann lebensechter, nicht wie irgendeine erkünstelte Theatersituation.

Aber wir dürfen nichts übertreiben, denn das Publikum bringt nicht die Konzentration auf, gleichzeitig zu hören und zu sehen. Wenn beispielsweise bei einem sehr wichtigen Satz zu viel los ist, kann sich der Zuschauer nicht auf die Bedeutung des Textes konzentrieren.

Schauspieler müssen diesen Prozeß im Griff haben. Auch wenn wir einen Satz sprechen, von dem wir wissen, daß er sehr wichtig ist, wird das Publikum sich immer noch das anschauen, was es zu sehen gibt. Es weiß nicht, daß der Satz wichtig ist. Wenn sich aber der Schauspieler plötzlich nicht mehr bewegt, verlassen die Zuschauer die visuelle Dimension. Es bleibt ihnen dann nichts anderes mehr übrig, als dem Text zu lauschen. So können sie sich auf seinen tieferen Sinn konzentrieren. Wenn wir wollen, daß sie zuhören, halten wir den Körper still. Wenn wir wollen, daß sie bloß zuschauen, hören wir mit dem Reden auf. So rücken Schauspieler die Situation in den Mittelpunkt und lenken die Aufmerksamkeit des Publikums.

Requisiten und Rede erlauben es auch dem Publikum, sich eine Geschichte aus Text und Bewegung zusammenzureimen. Wenn man die »Sein oder nicht sein«-Rede Hamlets vorträgt und dabei Blumen pflückt oder, im Gegenteil, sie zerpflückt, ersinnt das Publikum jeweils eine andere Geschichte. Wenn man die Rede mit einem Buch in der Hand hält, ergibt das wieder eine andere Geschichte. Oder mit einem Weinglas, noch eine andere Geschichte. Aber man darf nicht übertreiben. Wenn man mit zu vielen Requisiten hantiert, während man spielt, verliert das Publikum den Sinn der Sätze, die man spricht. Es geht nicht darum zu versuchen, dem Requisit eine besondere Bedeutung zu geben, sondern darum, das passende Requisit zu finden. Man muß auch spüren, wann der richtige Zeitpunkt gekommen ist, sich mit dem Requisit zu bewegen, und wann es Zeit ist, aufzuhören, sich mit ihm zu bewegen. Manchmal unterbricht man den Text und agiert nur noch mit den Requisiten.

Mein Noh-Lehrer, Meister Okura, war sehr streng: Er war das Oberhaupt der Schule und fühlte sich dafür verantwortlich, die 600jährige Tradition, die er geerbt hatte, in würdiger Weise zu bewahren. Wenn ich Requisiten achtlos auf den Boden stellte, wurde er sehr zornig. Er sagte, sie seien sehr wichtig, wichtiger für mich als mein eigenes Selbst, ein großer Schatz, den ich mit Ehrfurcht behandeln sollte. Er sagte, ich müßte meine Einstellung gegenüber ihnen ändern. Er schärfte mir ein, Requisiten niemals zu »benutzen«; statt dessen sollte ich versuchen, eine Beziehung zwischen den Requisiten und mir herzustellen. Dafür gab es drei Möglichkeiten: Ich konnte mit Hilfe der Requisiten meine Rolle vorführen oder mit Hilfe meiner Aktivitäten auf die Requisiten aufmerksam machen oder versuchen, die Beziehung zwischen mir und den Requisiten sichtbar zu machen.

Kostüme sind genauso wichtig. Sie sind nicht bloß schöne Modeschöpfungen, sondern ein Bestandteil der Darbietung. Schauspieler müssen darauf achten, wie sie sie tragen; sie sollten aussehen als würden sie ganz selbstverständlich zu uns gehören. Daher ist es eine gute Idee, sie vor der Premiere längere Zeit zu tragen oder sie sich lange im Spiegel anzuschauen. Nach und nach muß das Kostüm zu unserer zweiten Haut werden.

Leben erschaffen

Einige Zeit nach der Rückkehr des International Centre aus Afrika brachten wir *Les Iks* auf die Bühne, ein Theaterstück, das auf der tatsächlichen Lebenslage hungernder afrikanischer Dorfbewohner basierte. Das Quellenmaterial war eine Studie des Anthropologen Colin Turnbull. Um uns dem Leben jener Leute zu nähern, machten wir eine Übung, die Photos einsetzte, die Turnbull von den Dorfbewohnern während einer Hungersnot in ihrer Gemeinschaft aufgenommen hatte. Um uns an ihre Lebenswirklichkeit heranzuführen, bat uns Peter, die Photos genau nachzuahmen. Die genaue Körperhaltung der Menschen: ihre Füße, ihre Arme, ihre Kopfneigung. Zuerst ahmten wir alles genau nach. Dann, um wenigstens einen Schimmer von ihrer Lebenswirklichkeit zu erhaschen, fragten wir uns, wie wir uns in dieser Haltung fühlten. Man kann so was unmöglich mit dem Verstand klären, da wir nicht wissen können, wie es ist, in der Haut dieser Menschen zu stecken. Auch die Vorstellungskraft kann diese Kluft nicht überbrücken. Aber die unmittelbare körperliche Nachahmung erlaubt es uns doch in einem gewissen Maß, in ihre Haut zu schlüpfen. Dann erweiterten wir die Übung um die Dimension der Zeit. Wir sollten uns spielerisch in das einfühlen, was vor dem auf dem Photo dargestellten Augenblick geschah, und herausfinden, wie wir die im Bild gezeigte genaue Position erreichen konnten. Dann übertrugen wir die Übung in den Augenblick nach dem Photo, um herauszufinden, wie wir uns von dieser Stelle aus weiter bewegen konnten. Wir näherten uns in der Arbeit von außen, um eine Ahnung vom Innenleben zu bekommen.

Im Theater arbeiten die meisten Schauspieler von innen nach außen; sie gehen vom Innenleben des Charakters oder der Situation aus und versuchen dann, die Bewegung, die Stimmmuster und das Timing des Textes herauszufinden. Doch warum sollte man sich nicht gleichzeitig auch von außen nähern? Von innen nach außen arbeiten ist bloß gängige Praxis; sie könnte sich schon morgen ändern. Von innen analysieren (Psychologie, Charakter usw.) ist nicht der einzige Weg, das Stück zu entdecken. Aber es kann ein anderes Problem auftauchen, wenn man nur von innen nach außen arbeitet. Schauspieler können oft ein starkes Innenleben entwickeln, aber bisweilen versäumen sie es (oder sind unfähig dazu), ihm eine klare äußere Gestalt zu geben. Manchmal sagt der Regisseur: »Ich will, daß du jetzt traurig bist«, und der Schauspieler beteuert, er fühle diese

Traurigkeit mit Leib und Seele, und sie sei unheimlich stark. Und dann erwidert der Regisseur: »Das ist alles gut und schön, aber ich kann sie nicht SEHEN.« Das ist ein typisches Problem.

Oper und Tanz

In den letzten paar Jahren habe ich viel mit Tänzern und Sängern gearbeitet, verschiedene Bühnenwerke inszeniert und Regie geführt. Ich vergesse nie, daß jede Theaterform das gleiche Endziel hat: die Schauspieler sollen sich wie Menschen im wirklichen Leben bewegen und sprechen. Aber um dieses Ziel zu erreichen, gehen Oper und Tanz einen anderen Weg als das Theater.

Opernsänger haben eine Partitur. Sie wissen schon vorher genau, wie sie den Text sprechen sollen, da die Partitur sowohl Timing und Melodie als auch die Wörter festlegt. Haupthandlung und Beziehungen werden den Darstellern ebenfalls von der Partitur vorgeschrieben. Sie lernen das von außen. Dann studiere ich als Regisseur mit ihnen noch einige detaillierte Bewegungsabläufe und die Inszenierung ein, wie ein Choreograph. Das kommt auch von außen. Nun müssen sie noch einen Weg finden, diese Choreographie und Partitur mit Leben zu erfüllen. Das ist ihre Aufgabe.

In der gleichen Weise wird klassischen Balletttänzern eine feste Choreographie vorgegeben, die sie zum Leben erwecken müssen.

Für einen guten Sänger oder Tänzer stellt sich die Frage, wie sie glaubhaftes Leben innerhalb der Formen schaffen sollen, die ihnen die Choreographie oder die Partitur vorgeben. Das technische Gerüst ist wie ein schön gefertigtes Gehäuse. Mittelmäßige Tänzer oder Sänger finden sich in diesem Gehäuse bestens zurecht. Sie machen alles richtig, und es sieht gut aus, aber sie erfüllen es nicht mit Leben.

Vor einigen Jahren traf ich Jean Babilée (einen französischer Tänzer, der nach dem Zweiten Weltkrieg durch seine Zusammenarbeit mit Roland Petit berühmt wurde. Petit entwarf für Babilée die ursprüngliche Choreographie für *Le Jeune Homme et la Mort*). Im Gespräch fragte ich ihn, was der Unterschied zwischen einem mittelmäßigen Tänzer und einem guten Tänzer sei. Er antwortete: »Ein mittelmäßiger Tänzer ist ein Techniker. Ein guter Tänzer ist ein Dichter.« Ich fragte ihn dann, wie aus einem Tänzer ein Dichter werden könnte. Seine Antwort: »Das kann man nicht lernen, man muß so geboren werden.« Ich stimme durchaus nicht damit überein, daß einige Leute geborene Dichter sind und andere nicht. Für mich wird jeder als Dichter geboren, und nur die Anforderungen des Lebens (Erziehung, Familie und so weiter) bewirken, daß der Mensch seine Fähigkeit zum Dichter verliert.

Wie auch immer, letzten Endes müssen Sänger und Tänzer Wege finden, ihre schönen technischen Gehäuse mit intensivem Leben zu erfüllen.

Übergänge

Ein Trick, den ich benutze, wenn ich bei Opern Regie führe, besteht darin, nach Übergängen zu suchen. In der Partitur stehen die eigentlichen Gesangsabschnitte und viele Zwischenspiele, wo nur Musik erklingt. Sänger führen jede der Vokalpartien sehr gut aus, aber während der Pausen neigen sie dazu, einfach auf den nächsten Gesangseinsatz zu warten. Wenn das passiert, ist es mit dem Leben dieser Figur aus und vorbei. Der zweite Liedabschnitt entwickelt sich außerdem nicht aus dem ersten, und jedes Gesangsstück hängt in der Luft. Wenn aber zwischen den einzelnen Teilen keine Entwicklung stattfindet, kann man das Leben nicht richtig darstellen. Es geht nicht nur darum, die musikalischen Teile mit Aktivität auszufüllen, sondern zwischen der einen Gesangspartie und der nächsten eine Brücke zu schlagen.

Also muß ich Übergänge für die Sänger finden. Entweder emotionale oder körperliche. In manchen Fällen schlage ich vielleicht einen psychologischen Übergang vor. Einen Gedankengang oder ein Bild, das sie in das hineinversetzt, was sie als nächstes singen werden. In anderen Fällen bitte ich den Sänger vielleicht darum, den Kopf zu drehen oder sich während der Pause hinzusetzen. Oder Tee zu trinken oder Kartoffeln zu schälen. So kommt seine Persönlichkeit zum Vorschein.

Die Hauptformen des klassischen japanischen Theaters (Noh und Kabuki) funktionieren genauso wie die westliche Oper.

Wenn ich japanische Kabuki-Schauspieler beobachte, bin ich mir stets ihrer großen technischen Kunstfertigkeit bewußt.

Das Kabuki-Theater ist der zweite Stil innerhalb der klassischen japanischen Tradition. Es entstand im 17. Jahrhundert und verwendet wie das Noh in seiner Darstellung Tanz, Ge-

sang, Musik und prächtige Kostüme. Im Gegensatz zum Noh benutzt es diese Elemente allerdings, um ein lebendiges Schauspiel zu schaffen, das die Zuschauer blendet. Der Text konzentriert sich auf melodramatische oder romantische Erzählungen, in denen es von verführerischen Kurtisanen, enterbten Samurais und tragisch Liebenden nur so wimmelt. Sie alle werden auf einer bunt bemalten Bühne dargestellt, die sich je nach dem Spiel verändert (im Gegensatz zum Bühnenbild des Noh-Theaters, das bei jedem einzelnen Schauspiel gleichbleibt). Außerdem gibt es Spezialeffekte und technische Tricks (die Kabuki-Bühne nutzte die Drehbühne für schnelle Szenenwechsel schon Jahrhunderte vor ihrer Verwendung im Westen). Alles ist so gestaltet, daß eine starke, aufregende, sensationelle Aufführung geschaffen wird, die das Publikum packt und mitreißt.

*Im Kabuki-Theater wird jeder einzelne Aspekt der Aufführung von der Tradition bestimmt. Die genauen Bewegungen des Körpers, die rhythmischen Muster und Intonationen der Rede und selbst die Augenstellung sind alle als formale Choreographie schriftlich fixiert. Das genaue Timing der Pausen ist genauso wie die Körperpose (*mie *genannt) in Augenblicken dramatischer Spannung von der Choreographie vorgegeben. L. M.*

Sie können alle Einzelheiten der Handlung exzellent spielen, weil sie die Körper- und Stimmtechniken schon ab dem sechsten Lebensjahr gelernt haben. Außerdem haben sie für jeden Augenblick jeder Szene die spezifische Choreographie erlernt. Sie können das mit vollendeter Kunstfertigkeit darstellen. Nehmen wir zum Beispiel die folgende Sequenz:

Auf der Bühne steht eine Kiste. Der Schauspieler nähert sich der Kiste. Er hat Angst vor dem, was darin sein könnte, und so macht er sie ganz vorsichtig auf. Er schaut hinein. Er glaubt eine Leiche zu sehen, und ist erschrocken. Dann kommt ihm ein zweiter Gedanke, und er schaut noch einmal hinein. Jetzt erkennt er, daß es eine Puppe und nicht der Körper eines wirklichen Menschen ist. Also fühlt er sich erleichtert und glücklich. Das sind drei Zustände: Erwartung/Angst, dann Überraschung/Erschrecken und schließlich Erleichterung und Lachen. Kabuki-Schauspieler können solche Szenen mit Leichtigkeit spielen. Beim Öffnen der Kiste kann der Schauspieler eine wunderschöne Pose einnehmen, und er kann den Schreck sehr gut zeigen, indem er im übertriebenen Kabuki-Stil Überraschung ausdrückt. Das gleiche gilt für das Lachen und die Erleichterung.

Aber hier sah ich wieder den Unterschied zwischen einem guten und einem mittelmäßigen Schauspieler. Ein mittelmäßiger Schauspieler spielt jede einzelne Aktion korrekt und mit großer technischer Kunstfertigkeit, während ein guter Schauspieler eine Art Brücke zwischen zwei Aktionen schlägt. In gewisser Hinsicht zeigt sich die Qualität des Spiels in den Übergängen – in diesem Fall in der Fähigkeit, von Angst zu Schreck und von Schreck zu Erleichterung zu wechseln. Der Schauspieler muß den Trick herausfinden, wie er die richtigen Übergänge findet, sonst funktioniert das Ganze nicht. Doch wenn er sie finden kann, nimmt das menschliche Leben Gestalt an, und die Darstellung wird für das Publikum lebendiger.

Wenn ein Schauspieler von Wut zu Liebe wechselt, muß er einen Weg finden, der Übergänge benutzt. Aber das, wovon wir reden, gilt für jede Darstellung. Auch wenn eine klare psychologische Dimension fehlt, sind immer noch Übergänge erforderlich. In der Ballettchoreographie gibt es vielleicht eine Sequenz, die von der Arabeske zum Tanzschritt und von dort zum Sprung führt. Die Frage ist, wie man sich von A nach B und dann nach C so bewegt, daß es natürlich und echt wirkt. Professionelle Tänzer können jedes Element bestens ausführen, aber man braucht immer noch einen Übergang von der Arabeske zum Schritt und dann zum Sprung. Auch Tänzer müssen diese Wege finden.

Diese Wege müssen darüber hinaus organisch sein. Sobald wir das wahre Leben psychologisch oder emotional erfaßt haben, können wir zur nächsten körperlichen Aktion übergehen. Wenn wir freilich beim Finden des Wegs nur unserem logischen Verstand vertrauen, besteht die Gefahr, daß das Spiel mechanisch wird.

Ich verwende gern das Wort »probieren«, wenn ich Leute darum bitte, herauszufinden, wie man von einem Moment zum nächsten gelangen soll. Man muß ein Gespür dafür entwickeln, was als nächstes kommt, ohne auf einen bewußten Entscheidungsprozeß angewiesen zu sein. Und der Körper muß einen Zugang zum Innenleben finden. Das ist allerdings nicht immer leicht. Wie wir wissen, können Schauspieler ein reiches Innenleben haben, aber sie können sich nicht darauf verlassen, daß ihr Körper es automatisch zum Vorschein bringt. Mögen die Seelen- und Gefühlszustände noch so lebendig sein, wenn die Schauspieler keinen Kontakt zum Körper bekommen, springt kein Funke zum Publikum über. Unser Denken und Fühlen muß in den Körper eingehen.

Organische Verwandlung ist auf eine gute Beziehung zwischen dem seelischen und körperlichen Leben angewiesen. Wie erreicht man das? Ich kann keine einzelne Technik empfehlen, aber alle Darsteller sollten versuchen, einen gangbaren Weg zu finden. Der Körper muß für das Seelenleben empfänglich werden, und es muß ein ständiges, freies Fließen zwischen inneren und äußeren Aspekten geben. Der Körper muß lebendig sein, die Innenwelt muß lebendig sein, aber dieses Leben muß auch zwischen beiden hin und her fließen.

Tricks bei der Vorbereitung

Man erzählt sich eine Geschichte über einen berühmten Kabuki-Schauspieler namens Tamasaburo Bando. Eines Tages gab er eine Vorstellung, und danach kamen die Leute und sagten ihm, daß sein Spiel phantastisch, wirklich brillant war. Die anderen Schauspieler fragten ihn, was geschehen war, und er sagte: »Gestern sah ich ein wunderschönes Gemälde von meiner Figur, und ich stand drei Stunden lang vor diesem Gemälde. Irgendwie habe ich heute dieses Gemälde gespielt.« Der Körper kann diesen Reichtum an Informationen irgendwie in sich aufnehmen.

Im Kabuki-Theater werden alle Frauenrollen von männlichen Schauspielern gespielt, die man *onnagata* nennt. Ein alter Trick bestand darin, daß der Schauspieler seine Hand in kaltes Wasser tauchte, bevor er auf die Bühne ging; wenn dann der Schauspieler, der die männliche Rolle spielte, diese Hand anfaßte, fühlte sie sich kalt an. Und der Held dachte: »Ach, die arme Frau, ich will ihre Hand wärmen.« Auf diese Weise wird Zuneigung zu Frauengestalten geschaffen.

Es gibt viele Wege, Schauspielern dabei zu helfen, die Essenz des Stückes zu finden. Als wir zum Beispiel am *Mahabharata* arbeiteten, reiste die ganze Truppe nach Indien. Wir besuchten Hindu-Tempel, trafen verschiedene Gurus, sahen uns Kathakali-Aufführungen an und begannen ganz allgemein, ein Gespür für das alltägliche Leben auf dem Subkontinent zu entwickeln. Schon in Paris zeigte Brook uns Bilder, spielte Musik, lud Fachleute zu Gesprächen ein, um uns dabei zu helfen, die indische Kultur besser kennenzulernen. Auf die gleiche Weise verbrachten wir zur Vorbereitung auf *L'Homme qui ... (Der Mann, der seine Frau mit einem Hut verwechselte)* drei Monate damit, Patienten und Ärzte im Krankenhaus zu beobachten. Und für *Tierno Bokar* reisten wir nach Fes in Nordafrika, um dort zu proben. Diese Methode arbeitet nicht mit dem Intellekt, sondern mit der direkten körperlichen Erfahrung: sehen, hören, besichtigen, probieren. Auf diese Weise fängt tief im Schauspieler etwas zu brodeln an, das aus dem wirklichen Leben stammt. Bei der Vorbereitung geht es nicht darum, wie man spricht oder sich bewegt. Statt dessen versetzt Brook uns auf dem Weg der direkten körperlichen Erfahrung in die Welt des Stücks.

Man fragt mich oft, was ich von Peter Brook gelernt habe. Die Antwort fällt nicht leicht. Als ich dieses Buch schrieb, fragte ich Peter: »Was habe ich von dir gelernt? Ich muß im Buch etwas darüber sagen.« Er antwortete: »Laß einfach zwei Seiten weiß.«

Als ich beim International Centre anfing, gab es jeden Tag Improvisationsübungen. Das war ein Problem für mich, da ich keine Erfahrung mit Improvisation hatte; so blieb mir nichts anderes übrig als zu versuchen, mit dem zu arbeiten, was ich vom klassischen japanischen Theater gelernt hatte. Nach ungefähr einem Monat bat mich Peter, meine japanische Vorgeschichte für eine Weile zu vergessen. Da diese Elemente also nicht mehr gestattet waren, wußte ich nicht, was ich bei Improvisationen anfangen sollte, aber letztlich war diese Anweisung sehr wertvoll. Ich mußte einen anderen Weg finden. Indem er alles wegräumte, was unnötig ist, und alles prüfte, was ohnehin auf der Hand liegt, wie »Ich bin Japaner«, mein Name ist »Yoshi Oida«, »Ich bin soundso alt«, half er mir dabei, die Klischees und Maskierungen zu beseitigen. Er sagte mir nicht, was ich machen sollte; er entfernte nur das Unwesentliche. Auf diese Weise begann ich die Freiheit zu entdecken.

Im Lauf der Zeit ist Peters Arbeit immer radikaler und minimalistischer geworden, was die Arbeit des Schauspielers genau genommen noch schwieriger macht.

Als wir mit den Proben für *Tierno Bokar* anfingen, hatten wir viele Geschichten und eine Unmenge von Gegenständen auf der Bühne. Während der Proben nahm Peter einen Gegenstand nach dem anderen weg. Der Text und die visuellen Elemente wurden nach und nach immer einfacher. Das ist schwierig für Schauspieler, da wir dann nach einem starken Ausdruck suchen müssen, ohne ein Demonstrationselement zu haben. Natürlich heißt das nicht, daß wir einfach nur auf der Bühne herumwanderten und nichts taten. Statt dessen begannen wir auf Teufel komm raus zu proben und dieses exzessive Proben dann Stück für Stück zu reduzieren. Wenn man so spielt, muß man sich auf die kleinsten Details und inneren Vorgänge voll und ganz konzentrieren. Entscheidend ist, im Innersten lebendig zu sein und sich so intensiv wie möglich auf das Wesentliche zu konzentrieren. Natürlich ist dieses Innenleben unsichtbar, aber es kommt immer darauf an, wie man dieses Unsichtbare ausdrückt.

Das ist das Verfahren, das der Künstler Matisse beim Zeichnen benutzte. Er zeichnete das ganze Bild und radierte dann eine Vielzahl von Strichen wieder aus, bis er das erforderliche Minimum fand, um das mitzuteilen, was er wollte.

Das Publikum

Selbst wenn man das Stück bei den Proben ganz durchspielt und alles bestens läuft, müssen wir uns darüber im klaren sein, daß das noch nicht alles ist. Ohne Publikum gibt es kein Theater. Es ist daher sinnvoll, Zuschauer einzuladen, vorzugsweise eine Gruppe von Leuten, die nichts mit dem Theaterberuf zu tun haben. Ohne Publikum können Schauspieler nicht wirklich erfassen, was sie machen. Erst wenn ich vor einem Publikum stehe, weiß ich wirklich, wie ich spielen soll: Tempo, Energie, Handlung, alles. Etwas Wesentliches, aber Unsichtbares kommt aus dem Publikum, und Schauspieler können so etwas instinktiv spüren. Im Grunde sind normale Proben nur Vorbereitungen, die uns dann in die Lage versetzen, in Gegenwart der

Zuschauer etwas anderes zu entdecken. Das letzte Wort ist erst gesprochen, wenn sie miteinbezogen worden sind. Proben sind dazu da, Materialien fürs Theaterspielen zu sammeln. Wenn ich in Gegenwart des Publikums dasselbe wie bei den Proben tue, bin ich auf dem falschen Weg. Meine Arbeit muß vor den Zuschauern irgendwie Gestalt annehmen. Letztlich sind normale Proben eine Vorbereitung für die öffentliche Probe. Das Publikum spiegelt gewissermaßen die Arbeit, es wirft zurück, was passiert.

Da man erst wissen kann, wie eine Vorstellung läuft, wenn das Publikum hereinkommt, planen viele Regisseure öffentliche Proben ein. Allerdings haben sie verschiedene Möglichkeiten, die Reaktionen des Publikums zu studieren. Einige Regisseure schauen zu und überprüfen die Reaktionen auf die verschiedensten Spielmomente. Andere Regisseure ziehen es vor, mit dem Publikum Tuchfühlung aufzunehmen, mit ihm eins zu werden, seine Reaktionen zu spüren und zu teilen.

Bei der Arbeit an *Tierno Bokar* begannen die Proben zu Beginn des Jahres 2004. Nach drei Monaten Vorbereitung und Proben fand die Premiere im Juli in Deutschland statt. Aber die Arbeit der Truppe war mit der Premiere noch nicht beendet; sie setzte ihre Arbeit fort, um sie über die gesamte Spielzeit hinweg weiterzuentwickeln. Während der Pariser Spielsaison hatten wir jede Woche Proben, so daß Peter die Aufführung immer wieder modifizieren konnte. Auf diese Weise bleibt das Spiel stets lebendig.

Wenn ich Regie führe, versuche ich, seiner Methode zu folgen. Ich bemühe mich, vom Publikum zu lernen. Und so arbeite ich während der ganzen Spielzeit beharrlich an der Aufführung, manchmal bis zur letzten Abendvorstellung.

Im April 1990 führte ich bei einer Produktion des *Endspiel* von Samuel Beckett Regie. Das ganze Stück ist ein Konflikt zwischen Hamm und Clov. Sie liegen sich ständig in den Haaren, doch plötzlich, in der Mitte des Stücks, hebt Hamm zu einer langen Rede über seine Geschichte an. Während ich Regie führte, konnte ich nicht verstehen, warum dieses Element so plötzlich auftauchte, und ich hatte keine Ahnung, wie ich die Szene anpacken sollte. Wir konnten den Text nicht kürzen, und so bat ich den Schauspieler nur, den Wortlaut zu sprechen. Als wir eine öffentliche Probe abhielten, um die Reaktionen des Publikums zu testen, fragte ich die Leute nach ihren Eindrücken. Viele sagten, der wunderbarste Augenblick sei der gewesen, als Hamm seine Geschichte erzählte. Das beweist nicht nur, daß Beckett ein großer Schriftsteller ist, sondern auch, daß man ein Stück nie verstehen kann, wenn man den Text nur für sich allein im Stillen liest. Man muß sprechen, und man muß sehen; dann kann man verstehen. Man kann ein Stück erst dann verstehen, wenn man ein Publikum hat.

Andere Tricks

Regisseure können die verschiedensten Methoden anwenden, um die Proben lebendig zu gestalten. Als ich bei *Madame de Sade* (von Yukio Mishima) Regie führte, begann ich in meiner gewohnten Weise mit körperlichen Aktivitäten und Improvisationen. Ich besorgte mir Möbel, verwandelte den Bühnenraum in eine Art Rokokosalon und bat dann die Schauspieler, zu improvisieren. Ihre erste Frage war: »Wo ist das Publikum?« Sie waren in Gedanken schon bei der endgültigen Aufführung.

Die Truppe fand es schwierig, mit Text und Handlung einfach drauflos zu improvisieren. Die Schauspieler hatten das Gefühl, daß sie nicht spielen konnten, bevor sie die psychologischen Beweggründe bis ins letzte Detail kannten, ja nicht einmal anfangen konnten, den Text ohne den psychologischen Hintergrund zu lernen.

Meines Erachtens ist es wichtig, unterschiedliche Arbeitsmethoden zu respektieren; also luden die Schauspieler einen Psychiater zur Probe ein, der ihnen dabei helfen sollte, den psychologischen Hintergrund des Stücks zu erhellen. Ich war froh über seine Anwesenheit, denn ich wollte den Schauspielern nach besten Kräften helfen. Und ich weiß, daß es immer sinnvoll ist, sich in die Abgründe der menschlichen Seele zu versenken. Aber gleichzeitig läuft man Gefahr, daß man zum Gefangenen der intellektuellen Analyse wird, besonders wenn man versucht, die Figur, die man selbst spielt, zu verstehen. Man kann dann keine neuen Dimensionen mehr entdecken.

Wenn ich die Welt mit den Augen des Schauspielers betrachte, scheint mir der Mensch eine geheimnisvolle Schönheit zu besitzen. Sie ist nicht immer logisch oder widerspruchsfrei. Selbst im wirklichen Leben kann man einem geliebten Menschen den Laufpaß geben, aber wenn er oder sie dann gegangen ist, fragt man sich, warum man dieses Zeug gesagt hat. Man wollte eigentlich gar nicht, daß er geht. Vielleicht kann ein Psychologe erklären, warum man sich so seltsam verhalten hat, aber ich bin nicht sicher, ob seine Antwort richtig ist. Man tut immer sonderbare Dinge und versteht nie ganz, warum man sie tut. Deshalb ist es auch so spannend, unterschiedliche Rollen zu spielen und durch sie zu entdecken, wie unergründlich das menschliche Leben ist.

Das große Geheimnis beim Regieführen ist Geduld. Es geht nicht darum, einen Schauspieler herumzukommandieren oder anzuleiten, sondern um einen Gedankenaustausch, der dazu führt, daß man etwas gemeinsam entdeckt. Jeder Schauspieler besitzt einen reichen Vorrat an Poesie und Kreativität, aber nur wenn diese Energie frei fließt, kann etwas Spannendes und Neues entstehen. Wenn Leute glauben, in allem, was sie tun und sagen, immer recht zu haben, können sie sich den Theaterbesuch schenken. Wie die Figur des Tierno Bokar im gleichnamigen Stück sagt: »Es gibt drei Wahrheiten: meine Wahrheit, deine Wahrheit und *die* Wahrheit.« Genauso arbeiten Regisseur und Schauspieler zusammen, um diese dritte Form von Wirklichkeit zu erschaffen.

In der japanischen Geschichte gab es drei berühmte Shoguns, die um die Wende zum 17. Jahrhundert lebten. Jeder von ihnen wollte eine Nachtigall singen hören. Der erste, Nobunaga, sagte: »Wenn die Nachtigall nicht singt, töte sie.« Der zweite, Hideyoshi, sagte: »Wenn die Nachtigall nicht singt, werde ich sie dazu zwingen.« Der dritte war Ieyasu. Er sagte: »Wenn die Nachtigall nicht singt, warte ich einfach so lange, bis sie zum Singen bereit ist.« Man kann das auch auf die Proben übertragen. Manchmal sagt man: »Wenn ich nicht erreichen kann, was ich will, gebe ich auf.« Oder man sagt: »Wenn ich nicht erreichen kann, was ich will, werde ich mich zwingen, weiterzumachen, bis es gelingt.« Oder man kann der dritten Möglichkeit folgen: »Wenn ich nicht erreichen kann, was ich will, werde ich einfach geduldig warten, bis etwas anderes geschieht.« In der Tat sind alle drei Ansätze notwendig. Man muß je nach der Situation mit diesen drei Taktiken spielen können.

3 BEIM BETRETEN DES THEATERS

Als ich ein Kind von acht oder neun war, ging ich leidenschaftlich gern ins Theater. Ich konnte gar nicht genug davon kriegen, stahl mich sogar von der Schule fort, um Matineevorstellungen zu sehen, die meist irgendeine volkstümliche Unterhaltung brachten. Und ich mußte unbedingt ganz vorn im Publikum stehen, direkt am Bühnenrand. Bevor die Vorstellung anfing, hob ich den Vorhang und streckte meinen Kopf in den Bühnenraum. Bühnenarbeiter eilten herum, änderten das Bühnenbild, stellten die Requisiten auf und überprüften jede Einzelheit. Es kam vor, daß sie mich entdeckten und ermahnten, auf die andere Seite des Vorhangs zurückzugehen. Ich gehorchte nur ungern, da ich verstehen wollte, wie die Magie der Bühne zustande kam.

Einer der Gründe, warum ich Schauspieler werden wollte, war, Teil jener verborgenen Welt zu werden, statt draußen zu sitzen und bloß zuzuschauen. Ich wollte das Theater lieber durch den Bühneneingang betreten als durch das öffentliche Foyer. Für mich war der Bühneneingang das geheimnisvolle Tor in eine andere Wirklichkeit.

Wenn man ein japanisches Theater durch den Künstlereingang betritt, wird man eine kleine hölzerne Konstruktion bemerken, die sich hoch oben an der Wand befindet. Man sieht da einen Wirrwarr von Seilen, herabhängende Papierstreifen und eine Reihe von zierlichen Schalen und Flaschen, die Wasser, Reiswein, Salz und ungekochten Reis enthalten. Das ist ein kleiner Shintoschrein, den es in allen japanischen Theatern gibt, sogar in denen, die heute gebaut werden. Wenn die Schauspieler ins Theater kommen, bleiben sie jeden Tag vor dem Schrein stehen und verrichten ein kurzes Gebet, in dem sie darum bitten, daß keine Unfälle passieren und die Vorstellung gut läuft. Auch am Tag der Premiere, in der Mitte der Spielzeit und vor der letzten Vorstellung bringen die Schauspieler traditionsgemäß eine Opfergabe in Form von Reiswein am Schrein dar.

Im Kabuki-Theater gibt es einen anderen besonderen Brauch. Immer wenn der Schauspieler (im Kabuki-Theater sind alle Schauspieler männlich) sein Haus verläßt, um ins Theater zu gehen, steht seine Ehefrau an der Tür, schaut ihm beim Weggehen nach und vollzieht eine kurze Zeremonie. Sie nimmt eine kurze Eisenklinge und einen harten Stein und schlägt sie zusammen, bis die Funken stieben. Sie macht das zweimal, wenn er aufbricht. Die Funken symbolisieren Exorzismus und Reinigung.

Wir Schauspieler sind moderne Menschen, die in einer modernen Welt leben, und wir wollen ein Theater schaffen, das schöpferisch und bahnbrechend ist. Doch gleichzeitig gibt es etwas Archaisches in der Art und Weise, wie wir an unsere Kunst denken. In Großbritannien glaubt man, daß das Stück *Macbeth* Unheil bringt; die meisten Schauspieler werden den Titel niemals aussprechen (statt dessen nennen sie es das schottische Stück), und viele weigern sich, darin zu spielen, aus Angst, daß ihnen irgend etwas Schlimmes zustößt. In Frankreich bedeutet die Farbe Grün Unglück und wird nie bei den Kostümen benutzt. In Italien verbindet man das gleiche mit der Farbe Lila.

Es gibt ein Kabuki-Stück aus dem 18. Jahrhundert namens *Yotsuya Kaidan, Gespenstergeschichte aus Yotsuya*, das auf der wahren Geschichte einer Frau basiert, die von ihrem Ehemann getötet wurde. Nach ihrem Tod kehrte sie als Gespenst zurück, um den Ehemann so lange zu plagen und zu quälen, bis er schließlich in den Wahnsinn getrieben wurde. Da dieses Stück von einem Menschen handelte, der tatsächlich gelebt hatte, geht die ganze Kabuki-Truppe bei jeder Aufführung und vor dem Beginn der Proben zum Schrein, der ihr Grab enthält, um für sie zu beten und darum zu bitten, daß keine Unfälle passieren. Im Sommer 2005 spielte ich in einer modernen Fassung dieses Stücks in Japan (und verwendete dabei das ursprüngliche Kabuki-Manuskript), und unsere ganze Truppe, einschließlich des deutschen Regisseurs, ging zum Friedhof und verrichtete dort ein Gebet.

Schon früh in der Geschichte des Noh-Theaters (vor mehr als 600 Jahren) verlieh die Regierung den Schauspielern das Recht, gewisse religiöse Rituale zu vollziehen. Bis zu jenem Zeitpunkt in der Geschichte waren die Schauspieler hauptsächlich volkstümliche Unterhalter und Geschichtenerzähler und hatten einen sehr geringen gesellschaftlichen Status. Durch den Vollzug von Ritualen erhöhte sich der Status der Noh-Schauspieler, und ihre Kunst wurde von da an ernster genommen. Wenn wir uns heutzutage Noh-Theater anschauen, wirkt alles wie ein Ritual, aber das liegt am Darstellungsstil. Im Grunde sind die meisten Noh-Stükke von Natur aus eher dramatisch als religiös. Mit einer Ausnahme: Das *Okina* genannte Noh-Stück ist tatsächlich ein echtes Ritual, das noch aus einer Zeit vor der

Gründung der Noh-Theater-Tradition stammt. Es ist eine Zeremonie für die Geister des Himmels und der Erde. Eine Maske (Okina) ist der Gott des Himmels, und die andere Maske (Sambasu) ist der Gott der Erde.

Wenn Schauspieler diese beiden Rollen spielten, pflegten sie traditionsgemäß ihre Vorbereitung sehr ernst zu nehmen. In der Woche vor der Aufführung blieben sie in ihren eigenen Hütten. Es war Frauen nicht erlaubt, diese Rückzugsstätte zu betreten, nicht einmal um fürs Essen zu sorgen. Die Männer mußten ihr eigenes – und zwar vegetarisches – Essen zubereiten und durften keinerlei Kontakt zu Frauen haben. Jeden Morgen und jeden Abend mußten sie sich reinigen, indem sie in kaltem Wasser badeten. Ich weiß nicht, wie viele moderne Noh-Schauspieler heute noch dieser Tradition folgen, aber das Spiel selbst ist noch immer die wichtigste Aufführung für Noh-Schauspieler, weil sie nicht »spielen«, sondern ein echtes Ritual vollziehen.

Ich frage mich oft, ob diese sorgfältige Vorbereitung nicht nur für das Ritual, sondern auch für das Leben des Künstlers nützlich sein könnte. Zum Beispiel, sind sexuelle Beziehungen positiv, negativ oder spielen sie keine Rolle? Das gleiche gilt fürs Essen. Es gibt jedoch noch einen anderen Faktor: Noh-Aufführungen finden nur einmal statt, so daß der Schauspieler seine Vorbereitung auf ein einziges Datum konzentrieren kann. Aber wie kann ich eine solche Reinigung vornehmen, wenn ich sechs Monate lang jeden Abend auftreten muß? Ich hörte einmal, daß Tatsumi Hijikata, der Mitbegründer des Butoh, zehn Tage vor einer Aufführung zu fasten pflegte, aber auch das war wieder nur für eine einzige Vorstellung und nicht für eine ganze Saison.

Der Körper als Tempel

Viele Kulturen bauen Tempel: besondere Orte, die von Menschen aufgesucht werden, um seelische und spirituelle Erfahrungen zu machen. In Asien werden Tempel oft als Miniaturausführungen der größeren Welt errichtet. In gewisser Hinsicht ist der Körper etwas Ähnliches: eine eigene, in sich geschlossene Welt und die Stätte außergewöhnlicher Erfahrungen. Und wie einen Tempel müssen wir das Gebäude sauber und rein halten. Dazu bedarf es Nahrung von guter Qualität, angemessener Kleidung und eines Bewußtseins dafür, daß wir diese Behausung mit Respekt behandeln sollten. Noch in einer anderen Hinsicht können wir unseren Körper als einen Tempel betrachten. Die meisten Sakralbauten haben einen besonderen Bereich, ein Allerheiligstes, wo spirituelle Mächte wohnen oder erscheinen. Die Menschen beten zu diesen Mächten um Hilfe. Genau so können wir unseren Körper als ein Gefäß betrachten, das Energien enthält, die uns bei der Verwirklichung unserer Ziele behilflich sind.

Wie ein Tempel ist auch unser Körper ein Freund. Er sollte mit großer Liebe und Hochachtung behandelt werden. Immerhin teilen wir Leben und Tod mit ihm, und in unseren Augenblicken größter Freude und tiefsten Leids ist er immer gegenwärtig. Wir sollten ihn nicht schlecht behandeln oder ihm zumuten, sich an unerfreulichen Taten zu beteiligen, nur weil wir uns langweilen. Es ist ein unfreundlicher Akt, ihn zu prostituieren oder ihn in übertriebener Weise aufzutakeln, nur um unsere Eitelkeit zu befriedigen. Wir dürfen nicht von ihm verlangen, sich selbst zu erniedrigen. Wenn wir den Körper in einen Ort der Ausschweifung oder Roheit verwandeln, muß er ständig rakkern, um jedes einzelne Stück des hinterlassenen Unrats und Schmutzes zu beseitigen. Schließlich verliert er seine Reinheit und spirituelle Kraft. Wenn wir mit diesem Leben immer so weitermachen, kränken wir unseren Körper. Der Körper ist das Heim des Schauspielers und die Stätte, wo alle Erfahrung wohnt: Lust, Schmerz, Trauer und Freude.

Wir könnten den Körper auch als unseren Diener ansehen; immerhin bringt er uns, wenn wir irgendwohin gehen wollen, zu unserem Bestimmungsort. Und er ist dankbar für die interessanten Erfahrungen, die wir ihm gewähren. Wenn wir uns mit unserem Körper an die höchste Stelle eines Riesenrads begeben, uns mit ihm auf einen Pferderücken schwingen oder mit ihm ein Bad im Meer nehmen, ist er ganz in seinem Element. Er wird genauso entzückt sein, wenn wir ihm frisch gebackenes Brot oder eine Tasse frisch gebrauten Kaffee spendieren. Es gefällt ihm zwar, mit Schmuck oder Schminke verschönt zu werden, um seine ohnehin schon vorhandene Schönheit noch stärker zur Geltung zu bringen, aber er wird auch nicht sich auch nicht beklagen, wenn wir ihm abgerissene alte Lumpen anziehen (mag er auch von unserer Wahl nicht sonderlich erbaut sein). Man könnte sagen, daß der Körper ein perfekter Diener, ja sogar ein Sklave ist, aber in Wirklichkeit ist er ein Freund … und keiner von uns wird irgendwo in der Welt einen besseren Gefährten finden.

Herausragende Persönlichkeiten verdanken es ihrem Körper, daß sie ihre Ziele erreicht haben. Bedeutende Menschen, Propheten, Mystiker, Dichter, Schauspieler, Maler,

Sportler, politische Führer, Krieger, Heilige, alle haben sie die Bedeutung des Körpers verstanden und sich mit Hilfe seiner Leistungen ihren Weg gebahnt. Wenn der Körper untätig ist, wird der Mensch nicht gefordert. Das ist ein weiterer Grund, warum wir unseren Körper jeden Tag trainieren sollten. Leibesübungen sind aus vielen Gründen wertvoll, nicht nur um einen starken Körper zu formen oder innere Energien zu erschließen. Und wir sollten Zuneigung für unseren Körper empfinden.

Allerdings dürfen wir uns nicht in die Irre führen lassen; die Liebe zu unserem Körper sollte nicht zum Nabel unserer persönlichen Existenz werden. Sie darf nicht zur Selbstsucht oder Quelle der Eigenliebe werden. Während der Körper jedes Menschen als ein Tempel betrachtet werden kann, ist der Körper des Schauspielers ein Tempel für die Öffentlichkeit. Er muß der Schauplatz von Ereignissen werden, die anderen Menschen wunderbare Empfindungen und Emotionen schenken.

Im esoterischen Shinto gibt es eine Übung, die man jeden Morgen macht: Man sieht sein eigenes Bild im Spiegel an, verbeugt sich und sagt »Vielen Dank« zu seinem Körper. Das tut man, weil der Körper, während man schlief, weiteratmete, verdaute und das verarbeitete, was man zu sich genommen hat. Er hat die ganze Zeit funktioniert. Man selbst kann schlafen, aber der Körper ist pausenlos im Einsatz, macht nie eine Rast oder fährt in Urlaub. Wenn man sich jeden Tag auf diese Weise verbeugt, entwickelt man allmählich ein anderes Gefühl zum eigenen Körper. Die meisten Leute sind sich darüber einig, daß wir sowohl einen Körper als auch eine seelische oder geistige innere

Kraft haben. Diese Übung trägt dazu bei, daß beide sich gut miteinander vertragen; der Körper wird als eine Erscheinung anerkannt, die den Geist stärkt.

Vorbereitung auf die Vorstellung

Kaum ein Künstler kommt direkt von der Straße, schlüpft in seine Rolle und geht schnurstracks auf die Bühne. Es scheint ein Bedürfnis vorhanden zu sein, sich eine Weile vorzubereiten. Im indischen Kathakali erhalten die Schauspieler eine Stunde vor ihrem Auftritt eine Massage. Vielleicht ist das mit dem vergleichbar, was einige Tänzer im Westen tun, bevor sie auf die Bühne gehen, vielleicht hat es aber auch eine tiefere Bedeutung. Ich weiß es nicht. Und im klassischen japanischen Theater (sowohl beim Noh als auch beim Kabuki) verneigen sich die Schauspieler in der Künstlergarderobe in aller Form voreinander.

Wie die meisten Schauspieler ziehe ich es vor, vor jedem Auftritt dreißig Minuten lang Leibesübungen zu machen, damit der Körper auf Touren kommt und die Kraft zu fließen beginnt. Wenn ich als Teil einer Truppe auftrete, möchte ich außerdem die anderen Schauspieler nicht zum ersten Mal während der Vorstellung auf der Bühne treffen; wir brauchen irgendeine Art von Kontakt, bevor wir uns dort begegnen. Deshalb ist es zweckmäßig, unsere Übungen gemeinsam zu machen. Wenn die Truppe aus irgendeinem Grund nicht üben kann, treffen wir uns auf jeden Fall, nicht nur um Hallo zu sagen, sondern um uns als Schauspieler kennenzulernen.

Für mich sind diese drei Elemente der Vorbereitung sehr wichtig: Aufwärmen des Körpers, Stimulieren der inneren Kraft und Herstellung irgendeiner Form von Eintracht unter den Darstellern. Die Schwierigkeit bei den Leibesübungen als Teil der eigenen Vorbereitung besteht darin, sie richtig einzuschätzen. Arbeitet man zu hart, wird man müde, und auf der Bühne stellt man dann fest, daß man alle Körperkraft verausgabt hat. Aber zu viel Entspannung und Müßiggang sind genauso fehl am Platz; man wird schläfrig und agiert auf der Bühne nicht lebendig genug. Auf der Bühne spielt man eine Art Spiel. Daher sind Spielfreude und Tatkraft, verbunden mit Konzentration und Seelenruhe, der Idealzustand. Man braucht beide Aspekte. Und es ist nicht leicht, eine Vorbereitung zu ersinnen, die an diesen beiden Dingen gleichzeitig arbeitet.

Man sollte auch wissen, was wir darunter verstehen, wenn uns gesagt wird, daß wir uns auf der Bühne »entspannen« sollen. Entspannung auf der Bühne muß spielerisch, aber gleichzeitig kraftvoll und konzentriert sein: erstklassiges Spiel, verbunden mit geballter Tatkraft und einem lebendigen, dynamischen Körper. *In diesem Zusammenhang ist es interessant, anzumerken, daß die ursprüngliche Bedeutung des englischen Verbs »to relax« soviel bedeutet wie »sich lockern« oder »sich von gesetzlichem Zwang befreien« oder »etwas nicht so ernst nehmen«* (Oxford Concise Dictionary of English Etymology). *Es geht eher um Befreiung als um Besänftigung oder Abschalten. L. M.*

Außerdem läßt sich das genaue Vorbereitungsprogramm nur schwer in Worte fassen; es hängt davon ab, welche Art von Aufführung man vor sich hat. Wenn die Darbietung sehr dynamisch ist, muß man dynamische Übungen machen, um die Energie anzukurbeln. Aber wenn sie sehr ruhig und konzentriert ist, muß man die Energie drosseln.

Zur Vorbereitung gehört auch, sich mit dem Bühnenraum vertraut zu machen. Man muß die Größe des Theaters instinktiv erfassen und herausfinden, wie man diesen physikalischen Raum mit der eigenen schauspielerischen Energie ausfüllen kann. Wenn ich vor einem Auftritt Vorbereitungsübungen für die Truppe leite, ziehe ich es immer vor, sie lieber auf der richtigen Bühne als in einem Probenraum zu machen. So nehmen die Schauspieler nach und nach, ohne es zu merken, den Innenraum des Theaters in sich auf.

Man kann das gleiche mit der Stimme tun, sie an den Raum gewöhnen. Auf der Bühne spricht ein Schauspieler seinen Text, und ein anderer Schauspieler hört vom Zuschauerraum aus zu. Dann kann man von beiden Seiten aus ein Gefühl dafür entwickeln, wie laut oder wie leise die eigene Stimme sein muß. Es liegt allein bei einem selbst, herauszufinden, wie man den eigenen Text vorträgt, aber erst wenn man der Stimme eines anderen Schauspielers zuhört, kann man beurteilen, wie die Stimme im Zuschauerraum tatsächlich ankommt. Das ist wieder ein instinktives Begreifen, das auf eine logische Analyse verzichten kann. Wenn man sich im eigentlichen Bühnenraum aufwärmt, hilft man der anderen instinktiven Intelligenz dabei, mit der Umgebung Verbindung aufzunehmen.

Vorbereitungsrituale

Mit den Jahren neigen Künstler dazu, Vorbereitungsrituale zu entwickeln. Einige singen vielleicht, während sie sich anziehen, gehen im Flur auf und ab oder meditieren nach ihren eigenen Methoden. Alles, was einem Schauspieler hilft, ist gut. In der Tat sind alle diese Wege sinnvoll, denn sie verknüpfen das Alltagsleben mit der Welt des Schauspiels. Selbst das Auftragen der Schminke für den Bühnenauftritt kann den Künstlern dabei helfen, sich von ihrem Alltagsleben zu lösen.

Als ich ein junger Mann war, der im modernen Theater in Japan arbeitete, trugen alle Schauspieler ihre eigene Schminke auf. Ich sah den anderen immer dabei zu. Mir fiel auf, daß ein Mann, der sehr dünne Augenbrauen hatte, sie viel dicker zog, während ein anderer, der eine flache Nase hatte, sie mit einer Modelliermasse auspolsterte, um ihr eine markantere Form zu geben. So begann ich die Minderwertigkeitskomplexe dieser Menschen zu begreifen. Sie wollten in gewisser Hinsicht perfekt sein, und so versuchten sie mit der Schminke Änderungen vorzunehmen. Mir gefielen die dünnen Augenbrauen des besorgten Schauspielers, aber für ihn waren sie ein Makel. Schauspieler offenbaren oft ihre Ängste und Schwächen, wenn sie ihre äußere Erscheinung verändern. Wenn sie das Gefühl haben, zu klein zu sein, wollen sie hohe Absätze tragen. Wenn sie das Gefühl haben, daß sie im Gesicht zu fett sind, tragen sie kräftige Schatten auf. Auf der Bühne versuchen Schauspieler, sich in das Wesen zu verwandeln, das sie bewundern. Sie eifern einem Schönheitsideal nach, wollen besonders attraktiv wirken oder der Realität nachhelfen.

Aber manchmal bewirkt die Schminke andere Dinge. Philippe Adrien (ein bekannter französischer Regisseur) rief eine berühmte Maskenbildnerin namens Reiko Kruk an. Er sagte: »Wir proben für *Warten auf Godot*, aber irgendwas fehlt noch. Vielleicht sind die beiden Schauspieler zu jung. Können Sie uns vielleicht helfen?« Reiko verwendete bei den Schauspielern keine Schminke, die sie älter machte; statt dessen fertigte sie für einen von ihnen eine falsche Nase an. Plötzlich wurde sein Spiel viel besser. Also bat der Regisseur die Künstlerin, dem anderen Hauptdarsteller auch so eine falsche Nase zu geben, und seine Darbietung verbesserte sich ebenfalls. Der dritte Schauspieler, der Pozzo spielte, beobachtete das Ganze und wollte nun auch so eine Nase haben. So hatten am Ende drei der vier Charaktere falsche Nasen, und die Vorstellung lief wie geschmiert.

Vor ungefähr fünfzig Jahren spielte ein japanischer Schauspieler eine Hauptrolle in einem Stück von Yukio Mishima namens *Rokumeikan*. Seine Rolle war die eines ehrenwerten Politikers, eines Mitglieds der Oppositionspartei. Aber er war eigentlich noch zu jung, um diese Rolle zu spielen, da er erst Anfang Dreißig war. Der Regisseur versuchte alles mögliche, doch nichts schien zu gelingen. Die Truppe war der Verzweiflung nah. Als man aber bei der Kostümprobe dem Hauptdarsteller einen Schnurrbart anklebte, paßte plötzlich alles zusammen.

Schminke verändert die äußere Erscheinung, während man diese Verwandlung mit einer Maske noch weiter treiben kann. Schminke haftet an der Haut und folgt den Bewegungen der Gesichtsmuskeln. Die eigenen Bewegungen und das Mienenspiel sind darunter immer noch sichtbar.

Doch mit einer Maske verhält es sich anders; die Oberfläche der Maske, ihre »Haut« (besonders bei den Holzmasken, die man in Noh-Theater benutzt) sitzt in einem Abstand von zwei oder drei Zentimetern auf der eigenen Haut, was eine bedeutende Entfernung ist. Außerdem bleibt sie starr, wenn das Gesicht den Ausdruck ändert. Sie hat ihr Eigenleben, das der Schauspieler akzeptiert und in das er hineinschlüpft.

Es gibt eine alte Tradition, daß der Schauspieler in der Nacht vor einer Vorstellung die Maske in sein Haus mitnimmt und mit ihr schläft. Die beiden Gesichter teilen dasselbe Bett.

Mein Noh-Lehrer war ein leidenschaftlicher Sammler alter Masken, die er in seinem Haus aufbewahrte. Er machte sich Sorgen wegen der Feuergefahr. *(Da traditionelle japanische Häuser aus Holz und Papier errichtet werden, ist das Risiko von Bränden sehr hoch. L. M.)* Einige dieser Masken wurden als nationales Kulturgut eingestuft. Ich sagte zu ihm: »Warum sorgen Sie nicht dafür, daß sie in einem Museum aufbewahrt werden?« Er erwiderte: »Wenn man eine Maske in einem Museum läßt, stirbt sie. Die Maske muß auf die Bühne gehen, um von Zeit zu Zeit als Person zu leben und von einem Publikum gesehen zu werden. Sonst verliert sie ihr Leben und wird zum bloßen Gegenstand. Eine Maske ist kein Gegenstand.«

Ich fühlte etwas ähnliches, als ich ein Gemälde von El Greco im Prado-Museum in Madrid sah. Es ließ mich kalt. Dann fuhr ich in eine Kleinstadt nahe Madrid, wo es ein anderes Gemälde von El Greco gab, das diesmal in einer Kirche beherbergt war. Hier war das Gemälde wunderbar.

Diese Gegenstände brauchen das Leben, für das sie geschaffen wurden; die Masken wurden für die Bühne geschaffen, die Gemälde wurden für eine Kirche geschaffen. Wenn man sie in ein Museum bringt, werden sie bloße Gegenstände zum Ansehen, und der unsichtbare Teil ihrer Kunst verschwindet.

In ihrem Buch mit dem Titel Das Geheimnis der Farben. Eine Kulturgeschichte *(Ullstein 2005) beschreibt Victoria Finlay ein Museum in Cremona, das einige seltene alte Geigen einschließlich einer Stradivari beherbergt. Obwohl sie in hermetisch versiegelten und klimatisierten Schaukästen bestens geschützt sind, müssen sie jeden Tag herausgenommen und von einem Geiger gespielt werden. Sonst verlieren sie ihre Fähigkeit, richtig zu schwingen und werden einfach zu aus Holz geschnitzten Formen. Nach einer größeren Restaurierung kann es, wie es scheint, einen Monat oder länger dauern, bis eine Geige wieder den Konzertstandard erreicht hat. L. M.*

Eine Maske verändert die äußere Erscheinung sehr stark und wirkt sich so auch aufs Innenleben aus. Aber das Gegenteil kann auch passieren. Wenn man das Innenleben radikal umkrempelt, kann sich das in irgendeiner Weise auch aufs Erscheinungsbild auswirken, obwohl es zu keinem deutlich sichtbaren Eingriff kommt.

Wenn ich Workshops leite, bitte ich die Leute manchmal darum, eine von drei Farben zu wählen: Gelb, Blau oder Rot. Dann bitte ich sie zu versuchen, mit dieser Farbe zu verschmelzen. Nicht um sie darzustellen, sondern, ohne sich zu bewegen, zu versuchen, mit ihr eins zu werden.

Dann bitte ich andere Leute, zu raten zu versuchen, um welche Farbe es sich handelt. Es ist nie hundertprozentig richtig, aber sehr oft können andere die fragliche Farbe erraten. Das bedeutet, daß sich die unsichtbare Gestalt jener Leute aus irgendeinem Grund so verändert hat, daß andere Menschen sie sehen können. Das ist das Werk der Vorstellungskraft des Schauspielers.

Im japanischen Noh-Theater sind die Töne, die ein Trommler hervorbringt, keine Improvisationen; jeder Taktschlag und jede Pause werden von einer Partitur vorgeschrieben. Seltsamerweise sind die Partituren, um »Schneefall« und »Regenschauer« auszudrücken, identisch. Wenn ein durchschnittlicher Musiker diese zwei Partituren spielt, hört man keinen Unterschied; es ist einfach Sound. Wenn aber ein guter Musiker diese musikalischen Gebilde spielt, wird das Publikum fühlen: »Ja, so klingt es, wenn Schnee fällt« oder »So klingt es, wenn es regnet«. Irgendwie spürt das Publikum etwas anderes, und dieses andere scheint durch die Vorstellungskraft des Trommlers geschaffen zu werden.

Vor ein paar Jahren starb der berühmte Kabuki-Schauspieler Nakamura Utaemon. Er war berühmt für seine Darstellungen sensibler und schöner junger Frauen, die er auch noch im sehr hohen Alter verkörperte. Natürlich trug er eine Perücke und Schminke als Teil der Rolle, aber diese verbargen die Falten und eingefallenen Gesichtszüge nicht. Doch wenn er auftrat, vergaß man irgendwie, daß man einen alten Mann anschaute; man sah nur die schöne junge Prinzessin. Kraft seiner Kunstfertigkeit und seinem Willen zur inneren Verwandlung wurde er zu dem, was er nicht war. L. M.

Das ist die Magie der Schauspielkunst. Beim Auftritt sollte die auf der Bühne erscheinende Person eigentlich dieselbe sein wie die, die man im Spiegel des Umkleideraums sah; die äußere Erscheinung kann sich im Grunde nicht ändern. Wenn man jedoch mit einer starken Vorstellungskraft von innen heraus zu spielen beginnt, sieht das Publikum etwas anderes als das realistische Spiegelbild. Wenn man auf der Bühne spielt, arbeitet man mit etwas sehr vertrautem: dem eigenen Gesicht und dem eigenen Körper. Aber dann tritt etwas anderes hinzu. Etwas Wesentliches ändert sich.

4 IN DEN KULISSEN

Gleich beginnt die Vorstellung. Ich habe mein Kostüm angezogen und gehe in den Bereich hinter den Kulissen. Als erstes werfe ich einen verstohlenen Blick aufs Publikum. Am Theater Bouffes du Nord in Paris kann ich durch eine kleine Öffnung in der Tür lugen, in anderen Theatern spähe ich durch den Spalt zwischen den Vorhängen. Ich möchte wissen, mit was für Menschen ich meine Zeit verbringen werde: jung, alt, lebhaft oder ernst.

Ich muß auch spüren, wie ich am besten Kontakt zu ihrer Energie bekomme. Das ist etwas, was ich den Lehren Zeamis verdanke.

Motokiyo Zeami (1363–1443), ist eine zentrale Figur in der japanischen Theatergeschichte, die für die Gründung des Noh-Theaters verantwortlich war. Er schweißte zwei frühere Darstellungsstile, Sarugaku und Dengaku, zusammen. Sarugaku (wörtlich »Affenmusik«) war eine Form populärer Unterhaltung, die mit Zaubertricks, komödiantischen Elementen und Akrobatik arbeitete. Dengaku (»Feldmusik«) hatte seinen Ursprung in den Liedern und Tänzen, die als Teil von Feldbauritualen gesungen und dargeboten wurden.

Es entstand eine neue Kunst, und Zeami verfeinerte ihre Hauptthemen, den Darstellungsstil und die Spieltechniken. Um seine Einsichten über das Theater an nachfolgende Generationen von Schauspielern weiterzugeben, schrieb er mehrere Abhandlungen. Diese wurden in den Familien des Noh-Theaters unter der Hand weitergereicht. Erst als 1908 eine Samm-

lung dieser Schriften versehentlich in einem Antiquariat auftauchte, gelangten die Informationen an die Öffentlichkeit. Obwohl Zeamis Bücher vor Hunderten von Jahren geschrieben wurden, sind seine Ideen faszinierend und für moderne (und westliche) Schauspieler von unschätzbarer Bedeutung. Sie sind in einer englischen Übersetzung erhältlich. L. M.*

Zeami machte in seiner Arbeit ausgiebigen Gebrauch von den Begriffen Yin und Yang und lehrte, wenn das Publikum im Zustand des »Yin« sei, sollten die Schauspieler »Yang« spielen, und wenn das Publikum »Yang« sei, sollten sie »Yin« spielen. Wenn das Publikum nur schwer in Gang kommt, muß man es aufrütteln, aber wenn es zu aufgeregt ist, muß man es beruhigen. Sobald man auf die Bühne tritt, muß man die Verfassung des Publikums erspüren, das sich von der Verfassung eines einzelnen Menschen durchaus unterscheidet. Die ganze Gruppe bildet gemeinsam ein einzigartiges Leben, und dieses Leben gilt es einzufangen.

Gerade am Anfang des Stücks läßt sich das nur schwer bewerkstelligen. Als ich im *Mahabharata* auftrat, einem neunstündigen Marathon, trat ich erst auf die Bühne, als das Stück schon eine Stunde lang gelaufen war. Ich verfolgte die Aufführung vom Zuschauerraum aus und beobachtete die Ereignisse. Wenn das Tempo etwas zu langsam oder zu schwerfällig war, wußte ich, daß ich bei meinem Auftritt mehr Energie mitbringen mußte. Oder wenn das Spiel zu

* Eine deutsche Übertragung erschien 1961 unter dem Titel *Die geheime Überlieferung des Nô.* (A. d. Vlgs.)

amüsant und lustig war, versuchte ich, ernst aufzutreten, um etwas mehr Ruhe ins Spiel zu bringen.

Während ich in den Kulissen warte, schaue ich mich nach den anderen Schauspielern um; einige von ihnen plaudern miteinander, andere meditieren, wieder andere gehen auf und ab. Ich selbst atme zwei- oder dreimal tief durch und lasse meinen Körper die Haltung der Figur einnehmen.

Spiegelraum

Im Noh-Theater gibt es zwei verschiedene Räume für die Vorbereitung. Da ist einmal die Künstlergarderobe hinter der Bühne, wo der Schauspieler das Kostüm anzieht. Es gibt aber auch noch einen anderen Raum in der Seitenkulisse, »Spiegelraum« *(kagami-no-ma)* genannt, ein Kämmerchen direkt hinter dem zur Bühne führenden Vorhang, das für die Verwandlung in die eigene Rolle da ist. Vor einer Aufführung hält der Schauspieler eine Weile lang die Maske in seinen Händen und sieht sich das Gesicht an, das nun auftreten wird. Er verbeugt sich respektvoll vor der Maske und legt sie an. Er sitzt dann bloß da, schaut sich sein Bild im Spiegel an und wartet darauf, daß das, was er sieht, sein Inneres verändert. Er wird zur Maske.

Wenn man das Kostüm und die Maske anlegt, schaut man sich an und versucht zu verstehen, was für eine Art von Person man ist. Im Spiegel kann man die eigene Persönlichkeit von außen sehen und ihre leibliche Gestalt wahrnehmen. Und während man die äußere Erscheinung des eigenen Selbst betrachtet, versucht man diesen Charakter zu verstehen. Man erfindet sich nach und nach und stellt die innere und äußere Erscheinung so aufeinander ein, daß sie miteinander in Einklang sind. Es ist wie bei einer Kiste; man sieht sie und versucht herauszufinden, was darin ist.

Aber selbst mit dem Spiegel weiß man nie wirklich, wie man aussieht. Man sieht die Maske und das Kostüm, aber sie sind statisch. Und man sieht sich nur von vorn. Sobald man anfängt, sich auf der Bühne zu bewegen, sich dreht und wendet, entsteht etwas anderes. Das gehört zur Magie des Schauspiels.

Es gibt das gleiche Problem mit der Stimme. Man kann sich nicht genauso hören wie das Publikum einen hört, denn die Hälfte des Klangs, den man hört, kommt von außen, aber die andere Hälfte hört man im Innern. Es gibt Resonanzen im eigenen Schädel, die das Publikum nicht hört. Wenn darüber hinaus die eigene Stimme zum Publikum dringt, reist sie durch die Luft und ändert sich, bevor sie die Zuschauer erreicht. Man kann die eigene Stimme nie so hören, wie das Publikum sie hört. Das ist ein weiterer Grund, warum ich andere Schauspieler bitte, mir zuzuhören, wenn ich auf der Bühne spreche, um mich aufzuwärmen. Sie können hören, was auch das Publikum hört, und mir dabei helfen, Korrekturen vorzunehmen.

Ungeachtet dieser Schwierigkeiten sollte der Schauspieler versuchen zu verstehen, was das Publikum sieht und erlebt.

Als ich das erste Mal nach Europa ging, sagte mir mein Noh-Lehrer: »Du mußt *ri-ken-no-ken* lernen.« Wörtlich übersetzt heißt das »die fremde Sicht«, und das Konzept wurde zuerst von Zeami entwickelt. Es bedeutet, daß man beim Spiel auf der Bühne darauf achten muß, was man mit dem auf die Außenwelt gerichteten Auge tut. Wenn man das schafft, kann man mit dem Publikum die Erfahrung einer gemeinsamen Welt teilen.

Ri-ken-no-ken

Irgendwo zwischen dem Subjektiven und Objektiven wird ein anderes Element geboren. Kunstverstand stammt weder aus dem Innern noch kommt er von außen. Als Schauspieler schaut man sich jeden Aspekt des eigenen Selbst (Gedanke, Gefühl, Bewegung) von innen heraus an, aber gleichzeitig betrachtet man das eigene Bild von außen. Erst dann kann man agieren. Wenn man das macht, tritt etwas auf, ein seltsamer psychologischer Zustand. Dieses Phänomen entzieht sich der logischen Erklärung. Es hat keine Logik, keine Wörter, keine Intelligenz, aber die Erfahrung wird einen lehren, es zu verstehen.

Als ich mit Peter Brook zu arbeiten begann, versuchte ich *ri-ken-no-ken* zu entdecken. Jeden Tag gab es viele Improvisationen: Situation, Figur oder Bewegung. Aber wenn ich in eine Improvisation hineinging, war ich mit Leib und Seele bei der Sache und benutzte meine Vorstellung und meinen Körper, um bestimmte Dinge zu tun. Und ich vergaß darüber *ri-ken-no-ken*, weil ich zu nah an den Dingen war. Doch wenn ich versuchte, mich von außen zu sehen, war ich wie gelähmt, weil ich immer alles, was ich tat, im

Griff haben wollte. Es schien unmöglich zu sein, die beiden Sichtweisen in Einklang zu bringen.

Als ich aber einmal beim Improvisieren gut aufgelegt war, entdeckte ich plötzlich, daß ich mich von außen sehen und gleichzeitig in der improvisierten Situation ganz und gar aufgehen konnte. Es war eine ziemliche Überraschung. Bis zu diesem Zeitpunkt hatte ich immer geglaubt, *ri-ken-no-ken* stelle sich ein, wenn man sich so sieht, wie einen das Publikum sieht, das heißt, von vorn. Doch in diesem Augenblick entdeckte ich, daß ich mich tatsächlich von hinten sah; ich sah mich von ganz oben und von hinten.

Als ich nach Japan zurückkehrte und meinen Lehrer besuchte, sagte ich: »*Ri-ken-no-ken* bedeutet nicht, sich von vorn, sondern von hinten zu sehen.« Und er sagte: »So ist es!«

Diese Arbeitsweise birgt jedoch eine Gefahr; wenn man die Selbstbeobachtung auf die Spitze treibt, kann man in keine andere Rolle mehr schlüpfen. Die Gefühle bekommen etwas Unechtes, und die Bewegungen werden vom Verstand beherrscht und eine kalte Darstellung hervorbringen. Das ist nicht hilfreich, denn man muß in der Rolle vollkommen aufgehen. Wenn man sich andererseits zu sehr in die Rolle hineinsteigert, läuft man Gefahr, in einem tranceartigen Zustand zu versinken, der ebensowenig hilfreich ist. Außerdem verliert man dann leicht das Gefühl fürs Publikum und spielt nur noch zur eigenen Zufriedenheit. Damit errichtet man wiederum eine Schranke zwischen sich und dem Publikum, was man gerade nicht will. Man will statt dessen einen natürlichen, dynamischen Fluß zwischen sich und dem Publikum aufrechterhalten.

Ein Samurai-Krieger fragte einmal einen Zen-Meister, auf was er seine Wahrnehmung und Konzentration richten solle. Der Meister antwortete: »Nicht auf die Schwertspitze des angreifenden Feindes und nicht auf deine eigene Schwertspitze. Du solltest dich auch nicht auf deine Hände oder die Fußbewegungen deines Feindes konzentrieren. Statt dessen solltest du dich gleichzeitig auf alles und nichts konzentrieren und deine Wahrnehmung in Bewegung halten. Wie ein Spiegel, der alles widerspiegelt, sich aber auf nichts fixiert.«

Als ich mir zum ersten Mal eine Videoaufnahme meines Bühnenspiels anschaute, war ich schockiert und entsetzt. Ich fiel sofort in totale Verzweiflung. Ich hatte geglaubt, sehr gut zu agieren, aber als ich das Video sah, entdeckte ich, daß ich wirklich schlecht, elend schlecht spielte. Seitdem habe ich versucht, immer mehr mit *ri-ken-no-ken* zu arbeiten. Es gelingt mir nicht immer, aber manchmal berühre ich es. Wenn das geschieht und ich ein Video über meine Darbietung in jenem Augenblick sehe, kann ich erkennen, daß das, was ich sehe, stimmt. Ich beobachte eine Aktion auf dem Bildschirm und sage mir: »Ja. Genau das habe ich in diesem Augenblick getan.« Das heißt, daß ich, während ich spielte, auch unbewußt meine Aktionen beobachtete und meine Worte hörte. Aber ich frage mich, wo sich das Ohr und das Auge befinden, die über meine Darbietung wachen.

Seit diesem Erlebnis trachte ich danach, diese Form der Beobachtung auch in meinem Alltagsleben anzuwenden. Warum? Vielleicht weil ich nicht bloß ein Sklave von Gewohnheiten werden will, der die gleichen Handlungen immer wieder bewußtlos abspult. Oder vielleicht weil Leben für mich wie Theater ist. Oder möglicherweise gibt es einen einfacheren Grund – sogar noch als alter Mann möchte ich immer noch besser begreifen lernen, wie wir in unserem Leben funktionieren. Wenn ich zum Beispiel die Straße hinabgehe, in der Metro sitze oder Leute treffe, versuche ich mir bewußt zu bleiben, daß ein anderer (der auch ich ist) zuschaut und zuhört. Selbst wenn ich in meine Gefühle verstrickt bin, versuche ich, das gleiche zu tun. Im wirklichen Leben ist das freilich viel schwerer zu erreichen als auf der Bühne. In der Tat vergesse ich in der Regel, zuzuschauen. Aber ich möchte es wirklich so oft wie möglich tun.

Neben dem Rat, nach *ri-ken-no-ken* zu streben, gab mein Meister mir einen weiteren Ratschlag: »Wenn du nach Europa gehst, denk nicht an deinen eigenen Erfolg. Statt zu versuchen, Wege zu einer guten Schauspielkunst zu finden, denk lieber darüber nach, was du anderen Menschen geben kannst.«

Als ich jung war, lernte ich allerlei und versuchte das unbedingt auch zu zeigen, so daß andere Schauspieler es haßten, mein Partner zu sein. Schließlich kamen mir doch Zweifel an meinen Beweggründen; sie sind bedeutungslos, und ich fühlte mich dabei elend, weil ich nicht einsehen wollte, daß ich der Beziehung zu anderen Menschen keinen Respekt zollte. Wir müssen alle lernen, wie man mit anderen Menschen zusammenarbeitet und ihnen mit echter Menschlichkeit begegnet.

Manchmal muß ich mit jemandem arbeiten, den ich nicht mag. Vielleicht ist dieser Mensch ein Lügner, boshaft oder sehr egoistisch. Da wir aber beide irgendwie eine gute Vorstellung schaffen müssen, muß ich irgendeine positive Beziehung zu ihm finden. Also versuche ich, hinter diesem abstoßenden und gemeinen Verhalten das Wesen dieses Menschen zu entdecken. Ich glaube, alle Menschen sind im Grunde schön, aber das Leben selbst kann sehr grausam sein. Wenn Menschen eine schwere Zeit durchmachen, kann es vorkommen, daß sie sich gehen lassen oder schlecht benehmen. Aber dieses Verhalten ist eine Anpassung an die Lebensumstände und kein Spiegel ihrer wahren Natur, die immer schön ist. So versuche ich, hinter der unschönen Erscheinung die innere Schönheit zu sehen.

Auch im täglichen Leben sollten wir versuchen, mehr zu sehen als das Vordergründige. Wenn wir wirklich gute Beziehungen zu einem anderen Menschen haben wollen, sollten wir uns am besten nicht sein Gesicht anschauen. Natürlich achten wir auf die Augen und den Gesichtsausdruck des anderen, aber statt an der Oberfläche zu bleiben, sollten wir versuchen, bis in sein Herz vorzudringen. Sonst sind unsere Beziehungen zu anderen oberflächlich und bleiben ohne menschlichen Tiefgang. Sicher haben wir im alltäglichen Leben viele oberflächliche Beziehungen, zum Schalterbeamten, zur Kassiererin im Supermarkt und so weiter. Aber in diesen Fällen schauen wir uns andere Leute nur um unserer selbst willen an, inwiefern sie uns berühren, wie sie unseren Bedürfnissen gerecht werden. Wir blicken nicht tief ins Innere, um zu sehen, wer sie wirklich sind. Im Japanischen gibt es zwei verschiedene Verben für »sehen«; *»kan«* und *»ken«*. *»Ken«* bedeutet, das Äußere zu sehen, während *»kan«* bedeutet, das Innere zu sehen.

Als Yoshi für seine Inszenierung von Curlew River *in Rouen probte, benutzte er die folgende Übung als Teil der Vorbereitung für die Sänger.*

Gehen Sie auf einen anderen Künstler zu, bleiben Sie stehen, blicken Sie tief in diese Person hinein und machen Sie eine persönliche Grußgeste. Irgendeine Geste; Sie können sich verbeugen oder die Hände aufs Herz legen. Es muß keine Geste sein, die überall in der Realität zu finden ist. Wenn Sie lieber die Hände schütteln, stellen Sie sich vor, daß Sie nicht nur einen Teil der Anatomie des Schauspielers anfassen; Sie schütteln Ihre Hand tief in der anderen Person. L. M.

Oder gehen Sie zu einem anderen Schauspieler und schauen ihn oder sie an. Wenn Sie ausatmen, versuchen Sie zu fühlen, daß Sie in die andere Person wirklich eindringen. Wenn Sie einatmen, lassen Sie es zu, daß die andere Person in Sie eindringt. Das ist nicht nur ein oberflächlicher Austausch von Gesten oder Informationen, Sie beide werfen einen tieferen Blick ins Innere des anderen – das ist eine ganz andere Beziehung.

Wenn wir im täglichen Leben Hände schütteln, ist das bloß eine gesellschaftliche Gewohnheit, auf die wir kaum achten. Wenn wir jemanden kennenlernen und sein Gesicht uns vertraut wird, halten wir es genauso: wir schauen es uns eigentlich nicht mehr an. Wir versuchen nicht zu verstehen, wie es unserem Freund heute geht, indem wir hinter sein Gesicht sehen. In der Tat ist das Gesicht einer Person von Tag zu Tag fast dasselbe, aber in seinem Innern sieht es anders aus.

Einmal traf ich in Japan eine Hellseherin, und sie sagte

mir, daß ich nie ein Star würde. Sie sagte, ich sei imstande, anderen Menschen zu helfen, aber nicht, ein Star zu werden. Ich war sehr enttäuscht, aber ich habe nie vergessen, was sie sagte. Und wenn ich spiele, frage ich mich immer: »Wie kann ich es erreichen, daß andere Menschen sich in meiner Gegenwart frei fühlen? Wie kann ich ihnen helfen, besser zu spielen?« In der gleichen Weise versuche ich beim Regieführen meine Ideen nicht auf Biegen und Brechen durchzusetzen. Statt dessen finde ich großes Vergnügen daran, Leute zu den Schauspielern, Tänzern oder Sängern sagen zu hören: »Das war die beste Aufführung in Ihrer Karriere« oder »Ihr Spiel ist jetzt viel besser«. Für mich ist das eine größere Freude, als meine eigenen Ideen zu verwirklichen. Beim Regieführen frage ich mich also immer, wie ich es erreichen kann, daß die Schauspieler beim Publikum gut aussehen, oder wie ich ihnen helfen kann, gute Arbeit zu leisten.

Nun stehe ich in der Seitenkulisse und warte auf meinen Auftritt. Man fragt mich oft, ob ich vor einer Vorstellung Lampenfieber kriege. Als ich jung war, wurde ich tatsächlich nervös: mein Herz raste, und mein Mund wurde trokken. Aber warum? Ich nehme an, daß ich auf der Bühne wirklich gut sein wollte und hoffte, beim Publikum anzukommen. Um mich zu beruhigen, atmete ich mit geschlossenen Augen, so tief wie ich konnte. Genauso stand ich vor dem Spiegel, schaute mich an und sagte zu mir: »Ich bin ein guter Schauspieler. Ich bin ein guter Schauspieler ...« Ich versuchte, mich selbst zu hypnotisieren, um auf der Bühne etwas weniger Angst und etwas mehr Selbstvertrauen zu haben.

Jetzt denke ich anders darüber. Ich habe mich wie jeden Tag in der üblichen Weise vorbereitet und darauf geachtet, wie ich meinen Körper behandle. Ich habe meinen Text gelernt, das Stück studiert, geprobt und mich aufgewärmt, mein Kostüm angezogen und mich geschminkt. Ich habe versucht, mit *ri-ken-no-ken* zu arbeiten und meine Mitspieler wirklich wahrzunehmen. Ich bin mit meinem Körper in die Haut meiner Figur geschlüpft. Und nun? Wird es gutgehen? Niemand kann sicher sein. Es gibt keine Garantie, daß alle diese Vorbereitungen zu einer guten Darbietung führen. Gestern scheint es ganz gut gelaufen zu sein, aber man weiß nie, was heute passiert. Ich muß mir die Daumen drücken. Gute Schauspielkunst ereignet sich, wenn der Gott der Schauspielkunst auf der Bühne in mich eintritt. Wenn er das nicht tut, wird mir zwar immer noch die Mise en scène gelingen, doch ich kann nicht die gleiche Befriedigung empfinden. Ich weiß freilich nicht, wie ich den Gott des Schauspiels dazu bringen kann, jedes Mal zu erscheinen. So bete ich: »Bitte, lieber Gott des Theaters, komm heute zu mir.« Dann gehe ich auf die Bühne. Das Publikum wartet.

In der Sixtinischen Kapelle gibt es Michelangelos berühmtes Gemälde von der Erschaffung Adams durch Gott. Der Akt der Schöpfung geschieht, wenn die zwei ausgestreckten Hände einander fast berühren.

5 AUF DER BÜHNE

Ein zwei- oder dreistündiger Auftritt liegt vor mir. Wie stehe ich ihn durch? Indem ich einer Art Landkarte oder Reiseroute folge. Und das ist das eigentliche Ziel der ganzen Proben: eine gute Landkarte anzufertigen. Man probt, um mit Hilfe der Elemente Raum, Rolle, Handlung und Denken die Mise en scène klar zu umreißen. Dann folgt man während des Auftritts Schritt für Schritt diesem Entwurf. Aber jedes dieser vier Elemente ist ziemlich komplex.

Der Raum

Für die Zuschauer kann schon der Theaterraum als solcher ein Erlebnis sein. Solange man die Beschaffenheit des Auditoriums nicht genau kennt, weiß man nie wirklich, was für einen Raum man betreten wird. Vielleicht ist es ein traditionelles Proszeniumtheater, aber hat es auch einen Vorhang? Bei den vielen modernen Theatern gibt es auch eine Vielfalt von Bühnenformen, und in einigen Theatern kann sich die materielle Szenerie von Aufführung zu Aufführung ändern. Ist es eine Shakespeare-Bühne* mit dem Publikum auf drei Seiten oder eine, wo das Publikum im Kreis um die Bühne sitzt? Gibt es Sitze auf vielen Ebenen oder womöglich überhaupt keine Sitze?

* Eine in den Zuschauerraum hineinragende Bühnenplattform. (A. d.Vlgs.)

Im klassischen japanischen Theater sind alle diese Elemente von der Tradition festgelegt. Die Noh-Theaterbühne war ursprünglich ein aus Holz errichtetes und in der Regel innerhalb der Bannmeile eines Shinto-Schreins erbautes Podium im Freien. Sie zog später in einen geschlossenen Raum, und das Publikum wurde auf festen Stühlen unmittelbar vor und rechts von der Bühne im Zuschauerraum untergebracht. Die Bühne selbst hat eine ganze Reihe von Merkmalen von ihrem ursprünglichen Standort im Freien behalten. Die Hauptspielfläche ist eine erhöhte hölzerne Plattform, üblicherweise ein Viereck mit einer Seitenlänge von sechs bis zehn Metern. Obwohl die Bühne sich im Innern befindet, ist sie überdacht, und es gibt auch einen erhöhten Laufsteg (der Hashigakari*) die Hauptverbindung zur Spielfläche. Er fängt in den Kulissen rechts von der Bühne an und führt zur rechten Seite der Bühnenplattform. Die Bühnenplattform selbst ist auf drei Seiten offen und wird hinten von einer Wand abgeschlossen. Links von der Bühne gibt es an der Rückseite eine kleine Wand mit einer niedrigen Tür, sonst ist diese Seite auch offen. Die Noh-Bühne ist im Grunde eine Shakespeare-Bühne mit drei Seiten, und das Publikum sitzt auf zwei Seiten.*

Im Noh-Theater gibt es zwei Auftrittsorte für die Künstler. Der Chor kommt aus der niedrigen Tür linkerhand von der Bühne (so daß er sich beim Eintreten bücken muß), während die Musiker über den Hashigakari-*Steg eintreten. Nachdem diese Künstler ihre Position eingenommen haben, erscheint der erste Schauspieler am Anfang des* Hashigakari *und eröffnet die Reise des Stücks. Die Schauspieler beginnen ihre Darstellung auf dem* Hashigakari, *aber das Hauptdrama spielt sich auf der Bühnenplattform ab.*

In den frühen Noh-Theatern fing der Hashigakari *hinter der Bühnenplattform an und lief direkt auf das Publikum zu. Das schuf einen Eindruck von Distanz; von Figuren, die aus weiter Ferne kommen, um den Raum der Spielhandlung und des Publikums zu betreten. Obwohl der* Hashigakari *heute eher von der Seite zur Bühne als von hinten zur Bühne verläuft, ist er nach wie vor in einem leicht schrägen Winkel abgesetzt, so daß man noch immer das Gefühl hat, nach vorn zum »Ort der Handlung« zu schreiten.*

Im Gegensatz dazu ist die moderne Kabuki-Bühne als ein Proszeniumtheater errichtet, aber weitläufiger als der im Westen übliche Stil. Das Publikum sitzt direkt vor der Bühne, mit mehreren Stuhlrängen im Auditorium (Parkett und Logen). Als das Kabuki im 17. Jahrhundert entstand, benutzte es ursprünglich die gleiche Form wie die viereckige Noh-Plattformbühne, aber mit dem direkt durch die Mitte des Publikums führenden und auf die Bühnenrampe zulaufenden erhöhten Steg. Diesen Steg (im Kabuki wird er der Hanamichi* *genannt) gibt es immer noch in modernen Kabuki-Theatern, er ist jetzt aber abgesetzt von der Mitte und stößt näher an den Kulissen auf der rechten Seite auf die Hauptbühne. Er verläuft vom hinteren Teil des Auditoriums, durchquert das ganze im Parkett sitzende Publikum und ist um etwa einen Meter erhöht, damit der Schauspieler eine gute Sicht hat. Auf diese Weise können Schauspieler hinter den Zuschauern auftreten, ihr Spiel beginnen und mit ihrem Publikum Kontakt aufnehmen, bevor sie die Hauptbühne betreten. L. M.*

* »Blumenweg«, benannt nach dem blühenden Zweig, den die Zuschauer samt Geldspenden in früherer Zeit dort hinterlegten. (A. d. Vlgs.)

Sobald die Zuschauer ihren Platz gefunden haben, warten sie gespannt; von wo werden die Schauspieler kommen? Werden sie rechts oder links von der Bühne oder gar hinter dem Publikum erscheinen? In Peter Brooks Inszenierung *Der Kirschgarten* erschienen Madame Ranjewskaja und ihre Freunde hinter dem Publikum. Sie kamen aus Moskau, das weit entfernt war und eine andere Lebensweise symbolisierte.

Im Kabuki verkörpern die rechte Bühnenseite und der *Hanamichi* die äußere Welt, so daß der Schauspieler, soll er ein Haus betreten, immer von dieser Seite oder hinter dem Publikum auftaucht.

Im Kabuki-Theater wird die rechte Bühnenhälfte auch die »untere« Seite genannt, während die linke Bühnenhälfte die »obere« Seite ist; das moderne japanische Theater verwendet diese Begriffe noch immer. Sie können es selbst ausprobieren; stellen Sie sich vor, jemand zieht in den Krieg oder will einen Feind töten, und der Schauspieler hält ein Messer oder eine Pistole in der Hand. Lassen Sie ihn von der rechten zur linken Bühnenseite gehen, dann anders herum (von der linken zur rechten Bühnenseite). Fragen Sie dann das Publikum, welcher Auftritt stärker wirkt. Nach meiner Erfahrung wirkt es auf die meisten Leute stärker, wenn der Schauspieler von der rechten zur linken Bühnenseite geht. Stellen Sie sich nun vor, daß der Darsteller nach beendetem Kampf nach Hause geht. Die meisten Leute geben dem Abgang von der linken zur rechten Seite den Vorzug; er vermittelt ein vages Gefühl der Vollendung, als ob etwas zu Ende gegangen sei. Im Kabuki gehören wichtige Personen auf die linke Bühnenseite, während unwichtigere Leute sich mit der rechten Seite begnügen müssen.

Dieses Rechts-nach-links-Schema sieht vom Publikumsstandpunkt wie ein Links-nach-rechts-Schema aus. Die relative Stärke dieser Richtung ist auch im westlichen Theater bemerkt worden, aber man dachte, das käme daher, daß das Publikum auf diese Weise lesen gelernt hat. Im Westen lesen wir von links nach rechts, und unsere Augen ziehen es vor, in dieser Richtung zu wandern. So lautet die Theorie. Aber das ist eindeutig nicht der Fall im japanischen Theater, da die japanische Schrift von rechts nach links läuft und dort anfängt, wo für Abendländer das Buch »endet«. Doch in der Welt des Theaters wird das Links-nach-rechts-Schema noch immer für wirkungsvoller gehalten. L. M.

Im Kabuki werden die Musiker auf der rechten und der Erzähler auf der linken Bühnenseite untergebracht. Mir wurde einmal gesagt, die rechte Gehirnhälfte sei Musik und die linke Hälfte Sprache, aber man höre mit dem gegenüberliegenden Ohr; wenn man mit dem rechten Ohr hört, erreicht das Gehörte die linke Gehirnhälfte und umgekehrt. Vielleicht ist das der Grund, warum das Kabuki-Theater dieses Arrangement verwendet. Und ich arbeite mit dieser Vorstellung, wenn ich Regie führe. Zum Beispiel setzte ich den Musiker (João de Bruçó) auf die rechte Bühnenseite, als ich bei meiner Inszenierung einer Tanztheaterversion von Jean Genets Stück *Die Zofen** Regie führte. Hier wurden auch seine Instrumen-

* UA am 24.03.2001 im *Theaterhaus Stuttgart,* Regie: Yoshi Oida. Choreographie: Ismael Ivo, Koffi Kôkô, Tanz: Ismael Ivo, Koffi Kôkô, Ziya Azassi, Ausstattung: Kazuko Watanabe, Musik: João de Bruçó. (A. d. Vlgs.)

te untergebracht, was bedeutete, daß die Musik aus der Perspektive des Publikums das linke Ohr stärker erreichte.

Es gibt noch einen anderen Faktor, den ich gern in Betracht ziehe, wenn ich bei Auftritten und Abgängen die Wahl habe. Wenn wichtige Personen auftreten, lasse ich sie von der linken Bühnenseite kommen, der »hohen« Seite. In dieser Inszenierung der *Zofen* traten die meisten Schauspieler zunächst von der rechten Bühnenseite her auf, die einzige Ausnahme: João de Bruçó. Ich habe schon erwähnt, daß er der Musiker war, aber er erfüllte noch eine andere Funktion im Stück. Er war auch der Magier/Erzähler, der die Ereignisse in Bewegung setzte. Wenn er als Magier auftrat, war er in diesem Augenblick die wichtigste Figur des Stücks. Also trat er von der »hohen Seite« auf (linke Bühnenseite). Wenn er Musik spielte, blieb er aus Ohren-/Gehirngründen auf der rechten Seite. Der andere »hohe« Charakter war der Gefängniswärter/Madame, der die Bühne immer von links betrat und verließ.

Wie rechts und links sich im Raum unterscheiden, so unterscheiden sie sich auch im Spiel. Zum Beispiel fühlt es sich anders an, wenn man sich nach rechts oder nach links dreht. Wenn man in kleinen Kreisen im Uhrzeigersinn geht (nach rechts), kann man die eigene Energie in einer bestimmten Weise fühlen, und wenn man sich gegen den Uhrzeigersinn dreht, fühlt man sie in einer anderen Weise. Die Derwisch-Drehung geht nach links (gegen den Uhrzeigersinn) und bewirkt eine Art innere Besänftigung. Das Hakenkreuz der Nazis verläuft im Uhrzeigersinn, während das im Grunde identische buddhistische Symbol gegen den Uhrzeigersinn läuft.

Sobald man im japanischen Theater auf der Bühne steht, gibt es eine Anzahl von Orten, die eine besondere Bedeutung haben.

Im Noh-Theater gibt es einen *»nanori«* genannten Ort. Wenn man den *Hashigakari*-Steg verlassen hat, geht man zur Bühne und bleibt genau in der Mitte stehen; das ist *nanori*. Es ist der erste Punkt, an dem der Hauptdarsteller anhält, um zu erklären, wer er ist und warum er da ist, egal in welchem Stück er gerade spielt. *Nanori* bedeutet »sich vorstellen«, und hier stellt der Schauspieler die Wesensart seines Charakters vor (»Ich bin ein Priester« oder »Ich bin ein Gott« etc.).

Im Kabuki-Theater gibt es einen ähnlichen zentralen Punkt. Das ist eine Stelle namens *shichi-san*, das »sieben-drei« bedeutet, und es ist genau der Punkt, an dem sieben Zehntel des Weges auf der Bühne zurückgelegt wurden. Oder es gibt *shiburoku*, das »vier-sechs« bedeutet und näher an der Mitte liegt. Das sind wohlerwogene visuelle Punkte, wo das Publikum den Charakter und die Harmonie der Bühne sehen kann. Genauso gibt es zwei mögliche Orte, auf dem *Hanamichi* stehen zu bleiben.

Für einen Schauspieler ist die stärkste Position, sich dem Publikum direkt zuzuwenden. Eine andere starke Position ist die Totalansicht von hinten. Üblicherweise liegen auf der Bühne die starken Blickwinkel vorn, fünfundvierzig Grad (entweder rechts oder links) in der Diagonalen, dann hinten, danach das Seitenprofil (wieder rechts oder links). Der hintere Fünfundvierzig-Grad-Winkel ist die schwächste Position auf der Bühne. Auch wenn der Schauspieler gerade gar nichts tut, wirkt der Gang vom Bühnenhintergrund zum Bühnenvordergrund sehr stark auf das Publikum, wie eine Nahaufnahme mit der Kamera. Aber wenn der Schauspieler vom Bühnenvordergrund zum Bühnenhintergrund geht, wirkt das wie eine Abblende. Man entwickelt ein Gespür für dieses Verschwinden, auch wenn man dem Publikum das Gesicht zukehrt und dabei rückwärts nach hinten geht.

In vielen Stücken reden zwei Charaktere miteinander, und dafür sind die Diagonalen hilfreich, denn sie sorgen für ein Gefühl der Vertrautheit zwischen den Charakteren, während sie es dem Publikum erlauben, die Gesichter beider Schauspieler in Dreiviertelansicht zu sehen. Aber tatsächlich wird die stärkste Wirkung dann erzielt, wenn beide Darsteller das Publikum ansehen, und dieser Blickwinkel wird im Kabuki oft benutzt.

Wenn man seinen Text spricht, arbeitet man mit großer psychologischer Intensität, aber wenn man beim Sprechen den Körper verlagert oder die Gehrichtung ändert, wird sich auch die Sichtweise des Publikums ändern. Es ist eine andere Sinnebene.

Wenn ich in einem Film spiele, entscheidet der Regisseur, wie mein Körper vom Publikum gesehen wird. Ob Nah-, Rumpf-, Vorderansicht oder Profilaufnahme oder Rückansicht, das Publikum sieht das, was der Regisseur gewählt hat. Aber auf der Bühne können Schauspieler ihren eigenen »Kamerawinkel« wählen und so beeinflussen, worauf das Auge des Publikums sich richtet. Sie machen ihre eigene Nah- oder Großaufnahme. Wenn man zum Beispiel will, daß die Zuschauer das eigene Gesicht anschauen, bewegt man es langsam nach oben, und wenn das Gesicht dann ganz zu sehen ist, wird ihr Blick sich darauf richten. Vom Bühnenhintergrund zum Bühnenvordergrund zu wandern ist genauso wirkungsvoll. Geht jemand zum Beispiel vom Bühnenhintergrund zum Vordergrund, sieht es aus, als würde die Kamera ihn schärfer fokussieren und heranzoomen. Natürlich hat das Publikum bei einer Live-Aufführung immer die Wahl, sich etwas anderes anzuschauen (im Gegensatz zum Film), aber der Schauspieler hat einen erstaunlich großen Einfluß auf die Wahrnehmung des Publikums.

Als ich im *Mahabharata* auftrat, spielte ich die Rolle von Drona, eines Großmeisters der Kriegskunst. So mußte ich mächtig und stark wirken. Leider bin ich recht klein und war von Schauspielern umgeben, die viel größer waren als ich und meine Schüler spielten. Ich wollte nicht wie ein kleiner japanischer, von Riesen umringter Mann aussehen, also nahm ich ein paar Tricks zu Hilfe. In den meisten Szenen hielt ich einen weiten Abstand zwischen mir und den anderen, so daß der Größenunterschied nicht so auffiel. Aber wenn ich näher gehen mußte, bewegte ich mich vom Bühnenvordergrund auf meinen Partner zu, so daß ich aus der Sicht des Publikums größer wirkte. Es gab noch ein anderes Problem: an bestimmten Stellen mußte ich die anderen Darsteller umarmen. Was konnte ich in diesem Fall tun? Bei der Umarmung machte ich mich größer, indem ich mich auf die Zehenspitzen stellte. Ich wußte, das Publikum würde sich an dieser Stelle auf unsere Gesichter konzentrieren und, was auch immer ich tat, meine Füße kaum bemerken. Auf diese Weise schaffte ich es, sieben Zentimeter größer zu sein.

Diese kleinen Tricks sind die Freude eines Schauspielers. Im kommerziellen Theater gibt es manchmal Rangeleien zwischen den Hauptdarstellern, wer am weitesten vorn steht, vom Publikum besser gesehen wird oder den besseren Blickwinkel hat. Manche Schauspieler sind leider ziemlich egoistisch.

Charakter

Was ist ein Charakter? Aus der Sicht des Publikums besteht ein Charakter aus einer Reihe von Einzelheiten – die Art zu gehen, zu sitzen, zu stehen, zu gestikulieren, den Kopf zu drehen, eine Tasse zu halten; etwas Scharfes in der Stimme, etwas Weiches in den Händen – Einzelheiten, die einem einen Einblick in das Wesen dieses Menschen geben.

Es gibt eine wohlbekannte Geschichte. Einst beschlossen drei Blinde, einen Elefanten zu erforschen. Sie gingen in den Zoo und versuchten herauszufinden, wie dieses »Elefant« genannte Tier beschaffen war, da sie noch nie eins in ihrem Leben getroffen hatten. Als Blinde mußten sie sich also nicht auf ihr Augenlicht, sondern auf ihren Tastsinn verlassen, um die Untersuchung durchzuführen. Jeder von ihnen faßte der Reihe nach den Elefanten an, dann kamen sie wieder alle zusammen, um darüber zu diskutieren, was sie herausgefunden hatten. Der erste Mann sagte: »Der Elefant ist wie eine Schlange. Lang und dünn. Er dreht und windet sich, wenn er sich bewegt.« Der zweite Mann sagte: »Nein, nein, du irrst dich. Er ist ein Fächer. Er ist flach und dünn und fächelt die Luft, wenn er sich vor und zurück bewegt.« Der dritte Mann sagte: »Nein, nein, nein! Ihr habt es beide ganz falsch angefangen! Der Elefant ist wie eine runde Säule, fest verankert in der Erde und bis in den Himmel hinaufreichend.« Die drei Männer stritten sich weiter über ihre Entdeckungen. Sie konnten keine Übereinstimmung erzielen, der Streit wurde immer hitziger, bis sie schließlich aufgaben. Jeder ging seines Weges, überzeugt, daß er recht hatte und die beiden anderen entweder Narren oder Lügner waren.

Tatsächlich hatten sie alle recht. Ein Mann hatte den Rüssel angefaßt, der andere das Ohr gepackt, der dritte das Bein ertastet. Keiner von ihnen hatte unrecht, aber es ist sehr schwierig, die ganze Wahrheit zu begreifen. Genauso verhält es sich mit dem Charakter.

Die Leute sagen zu mir: »Du bist nett« oder »Du bist kalt« oder »Du bist weise« oder »Du bist dumm« oder »Du bist böse« oder »Du bist ungeduldig« oder »Du bist warmherzig« oder »Du bist ein Scharlatan« oder »Du bist ehrlich« oder »Du bist ein Lügner« oder »Du bist bescheiden« oder »Du bist eitel«. Aber ich spüre, daß alle diese Urteile ungenau sind. Dann taucht die Frage auf: »Wer bin ich?«, und wahrheitsgemäß habe ich keine Antwort. Ich weiß wirklich nicht, wer ich bin.

Ich besuche gern Bunraku-Vorstellungen, das traditionelle japanische Marionettentheater. Ich bin immer sehr von Geschichten ergriffen, in denen sich romantische Selbstmorde ereignen.

Bunraku ist der dritte klassische Theaterstil in Japan. Er wurde im gleichen Zeitalter wie Kabuki geschaffen, und die bei-

den Theaterformen stimmen in vielen stilistischen Elementen überein, wie Musik und Rahmenhandlung, und sie benutzen oft dieselben Manuskripte. Allerdings verwendet Bunraku Marionetten statt menschlicher Schauspieler. Die Marionetten sind ungefähr ein Drittel so groß wie ein Mensch und benötigen drei erfahrene Marionettenspieler, um sie zu führen: einen Meister und zwei Gehilfen. Die Bewegungen der Marionetten sind äußerst zart und verwenden ähnliche gestische Konventionen wie die menschlichen Schauspieler im Kabuki. Geschichten von Doppelselbstmorden waren im 17. Jahrhundert sehr beliebt und werden sowohl im Kabuki als auch im Bunraku erzählt. L. M.

Ich habe zahllose Vorstellungen gesehen, immer die gleiche Geschichte, immer genau die gleiche Mise en scène. Doch jedes Mal bin ich tief berührt von dem, was ich sehe. Ich frage mich, warum das geschieht, wenn ich das Puppenspiel sehe, während ich, wenn dieselbe Geschichte von Kabuki-Schauspielern erzählt wird, nicht im gleichen Maß ergriffen bin. Wenn ich Schauspieler aus Fleisch und Blut beobachte, sehe ich, egal wie gut sie sind, ein bestimmtes Etwas in ihren Augenwinkeln. Etwas, was aus dem Selbstbewußtsein der Schauspieler, ihren Ängsten, ihrem Bedürfnis, geliebt zu werden, und ihren Qualen kommt. Das gehört nicht zu ihrer Rolle im Stück. Da das Gesicht im Bunraku bloß eine Puppe ist, ist dieser subjektive Zug des Schauspielers hier nicht vorhanden. Dadurch gewinnt die Darbietung eine gewisse Reinheit. Das Schauspiel erzählt nichts weiter als die Geschichte.

Vor fünfhundert Jahren gab es in Japan einen berühmten Zen-Meister namens Ikkyu. Eines Tages ging er ins Marionettentheater. Während der Vorstellung fiel ihm auf, daß sich die Marionetten auf sehr spannende und lustige Weise bewegten und der Puppenspieler eine große Zahl von Charakteren beherrschte: einen Gott, einen Samurai oder eine stille bescheidene Dame. Der Puppenspieler machte das so gut, daß die Marionetten lebendig zu sein schienen. Und das Publikum glaubte gern, daß die Geschichten, die ihm erzählt wurden, von lebenden und atmenden Menschen stammten. Wenn die Puppe etwas Komisches tat, lachte das Publikum. Wenn sie wütend wurde, erlebte das Publikum ihre Wut. Und wenn sie traurig wurde und weinte, weinte auch das Publikum. Und Ikkyu fragte: »Was sind das für Geschöpfe?« Er fand heraus, daß sie aus einem normalen Stück Holz geschnitzt waren. Daraufhin sagte er, daß es sich mit unserem eigenen Leben genauso verhält. Das Geschöpf, das sich über die Bühne bewegt, sieht aus wie ein lebendiges Wesen, aber nur weil es den Puppenspieler hinter der Puppe gibt.

Er sagte, unser Dasein sei zweigeteilt: das körperliche Leben, das man sehen kann, und ein zweites Dasein tief in uns allen, das unsichtbar ist. Wenn man nur auf das körperliche, sichtbare Dasein Wert legt, fängt man an zu glauben, daß das der Sinn des Lebens ist. Das gesellschaftliche Leben wird zum ein und alles, und man klammert sich sehr an die Details der körperlichen Welt. Diese Fixierung ist eine Selbsttäuschung. Aber wenn man umgekehrt nur auf dem unsichtbaren Leben beharrt, kann man sich nicht in die Gemeinschaft einfügen und schwächt damit das eigene

Leben. Ikkyu sagte, in der Mitte dieser beiden Extreme sei die Ausgewogenheit zu finden.

Obwohl Ikkyu in Japan sehr berühmt ist, paßte er nicht ins normale Bild eines tugendhaften spirituellen Meisters. Er lebte in einer Zeit voller Gewalt und Aufruhr. In seinen frühen Jahren wohnte er in einem Zen-Tempel, zog es aber später vor, den Tempel zu verlassen und in die Welt zu ziehen, machte sich mit Dieben und Bettlern gemein und nahm sich eine Geliebte. Einige sind der Ansicht, daß er sich erniedrigte, als er sich aus freien Stücken mit liederlichen Leuten einließ, aber für ihn schien es falsch zu sein, in solchen schwierigen Zeiten in der Reinheit (und im Reichtum) des Tempels zu bleiben. So ging er in die Welt der Diebe und verzweifelt um ihr Leben Kämpfenden, um sich selbst und der Wirklichkeit treu zu bleiben.

Das japanische Wort für Meditation lautet *Zazen*, und dieses Wort wird mit zwei Piktogrammen geschrieben: *»za«* und *»zen«*. Der Kanji* für den ersten Wortteil (*»za«* bedeutet »sitzen«) wird in der folgenden Weise gebildet: das Symbol für »Mensch« wird zweimal wiederholt, dann über das Symbol »die Erde« gesetzt. So wird der Begriff »Sitzen« von zwei beieinandersitzenden und über die Erde redenden Menschen symbolisiert. Im Zen gibt es zwei Auffassungen vom eigenen »Selbst«: Es gibt das alltägliche Selbst und ein anderes Selbst tief im Innern. Beim Meditieren setzen sich diese beiden also zusammen und führen ein Gespräch.

* Die Bezeichnung für chinesische Schriftzeichen in der japanischen Schrift. (A. d. Ü.)

In der Zen-Meditation strebt der Mensch danach, sein wahres Wesen zu finden. Meist nehmen wir an, das sei das Wesen, das wir aus dem täglichen Leben kennen. Unsere körperliche Existenz besteht aus Essen, Trinken, Lieben, zornig, glücklich oder traurig werden. Auch der Beruf, die Nationalität, die Abstammung, das Geschlecht, sogar der Name gehören dazu. Alle diese Dinge scheinen das auszumachen, »wer man ist«. Aber nach der Lehre des Zen gibt es ein anderes »wahres« Selbst, das hinter diesen Dingen liegt: eine Art nichtkörperlicher Existenz. In der Regel ist man sich dieses zweiten »Selbst« nicht bewußt, also muß man etwas tun, um ihm auf die Spur zu kommen.

Eines Tages, am Anfang meiner Schauspielerlaufbahn, fühlte ich mich einsam und sehr traurig. Ich weinte. Tränen flossen. Plötzlich fragte ich mich: »Wie sieht eigentlich mein Gesicht aus?« So ging ich zum Spiegel und schaute mir mein Gesicht an. Im wirklichen Leben war ich traurig und tränenüberströmt. Doch spürte ich andererseits eine berufliche Neugier an meinem Aussehen. So fragte ich mich: »Wer ist diese Person, die neugierig ist?« Ich war ein junger Mann, der über den Verlust einer Geliebten weinte, aber gleichzeitig war ich ein junger Schauspieler, der verstehen wollte, was für ein Gesicht er in diesem kummervollen Augenblick hatte. Im täglichen Leben gibt es »einen jungen Mann« und gleichzeitig »einen jungen neugierigen Schauspieler«. Schon sehr früh hatte ich das Gefühl, daß zwei Personen in meinem Körper wohnen.

Ikkyu lehrte, daß die körperliche und die nichtkörperliche Existenz miteinander in Einklang kommen müssen. Man sollte nicht alles auf den einen oder den anderen

Aspekt setzen, sondern versuchen, die beiden miteinander ins Gespräch zu bringen. Nur so vermag man ganz lebendig zu sein. Auf der Bühne ist es das gleiche: Man spielt, und gleichzeitig sieht man sich beim Spielen zu. So sind Beobachtung und Schauspielkunst ständig im Fluß. Irgendwann vergißt man das Beobachten und das Handeln. Es gibt keinen bewußten Gedanken mehr, und man kann frei sein. Mit einer solchen Freiheit könnte auch das reale Leben ein Wunder sein.

Schauspieler und Charakter

Wenn ein Schauspieler Hamlet spielt, glaubt er nicht, daß er seine eigene Identität verliert und zu einem dänischen Prinzen namens Hamlet wird. Aber ebensowenig glaubt er, daß er nur »er selbst sein« muß, denn das setzt voraus, daß Hamlet genau derselbe ist wie er. Statt dessen benutzt er seine eigenen Gefühle oder Gesten, als wären sie die Gefühle und Gesten Hamlets, um eine gleichwertige Erfahrungskategorie zu schaffen. In einer Rolle ist man nie ganz »Hamlet«, aber auch nie man »selbst«. Man lebt im Auge des Publikums. Man schafft ein Gleichnis von Hamlet und verbindet dann diese beiden Realitäten. Der Schauspieler befindet sich immer in einer verzwickten Lage.

Wenn im wirklichen Leben der Kellner im Café in seiner »Rolle« als Kellner aufgeht, ist das vergleichbar mit dem Schauspieler, der Hamlet spielt. Er hat ein Ebenbild geschaffen. Aber wenn man Hamlet spielt, weiß man, daß man etwas spielt, was nicht existiert. Man gaukelt sich nicht vor, daß man wirklich Hamlet ist. Aber im täglichen Leben kann eine Person ohne weiteres glauben, er sei ein »Kellner«.

Allzu oft versuchen die Menschen, sich zu einem »Objekt« wie »Mann« oder »Franzose« oder »Kellner« zu machen. Wir schaffen eine Art Skulptur unseres »Selbst« und stellen diese Skulptur in die Welt. Und die Welt reagiert auf ihre Weise darauf. Da wir von anderen Menschen nicht zugrunde gerichtet werden wollen, versuchen wir, der Welt zu gefallen. So versucht der Kellner, ein perfekter Kellner zu sein, und wenn er erfolgreich ist, sagen andere Leute, er ist ein guter Kellner. Die Menschen bemühen sich um eine perfekte Verwirklichung ihrer Skulptur beziehungsweise ihres Ebenbilds, um sich sicher zu fühlen. Aber das ist eine Selbsttäuschung.

Wie ich schon früher erwähnte, spielte ich, als ich nach Europa kam, den »japanischen Schauspieler« und benutzte japanische Techniken. Ich wollte mich sicher fühlen, also wollte ich den »perfekten japanischen Schauspieler« spielen. In dieser Rolle fühlte ich mich sicher. Als dann Peter zu mir sagte: »Laß deine japanische Technik mal aus dem Spiel«, legte ich meinen Kimono ab und verwendete keine Stile des japanischen Theaters mehr. Ich versuchte, meine ganze japanische Technik zu vermeiden, und fühlte mich innerlich unsicher. Ich wußte nicht, wer ich war. Ich machte mir große Sorgen um mich. So versuchte ich, die Selbsttäuschung abzuschütteln und damit auch die Angst. Schließlich fand ich, wie gesagt, ein Quentchen mehr Freiheit. Aber Freiheit macht schreckliche Angst. Auf der Bühne kann man sie leichter annehmen, denn man weiß, daß man nicht wirklich Hamlet ist; es gibt keine Selbsttäuschung. Hamlet existiert nicht, außer wenn der Schauspieler diese Rolle spielt. Wenn das Spiel endet, bleibt davon nichts mehr übrig; kein Hamlet und keine Phantasie. Im täglichen Leben ist das anders. Das Spiel endet erst, wenn man stirbt, also will man bis zum Ende in dieser Selbsttäuschung leben. Aber das ist keine Freiheit.

Im wirklichen Leben ist mein Charakter nicht aus einem Guß. Manchmal ist er stumpfsinnig, manchmal hellwach. Das gilt für den Charakter aller Menschen: viele Aspekte, nie aus einem Guß. Aber ich kann über meinen Charakter nur deshalb so reden, weil ich mich beobachte. Wer aber beobachtet diesen Charakter? Ich bin mir sicher, daß es in mir jemanden gibt, der beobachtet. Wir wissen ja, daß es sinnvoll ist, zu beobachten, was wir fühlen und treiben und warum wir gewisse Entscheidungen treffen. In der Tat achten wir immer auf solche Dinge. Aber es ist auch sehr wichtig, herauszufinden, wer da beobachtet. Wenn wir uns alle Einzelheiten unseres täglichen Lebens anschauen, sieht jemand zu. Es gibt einen Beobachter. Eine solche Beziehung gibt es auch zwischen Schauspieler und Charakter.

Man ist zornig, traurig, besorgt oder ängstlich, und das geschieht wirklich auf der Bühne, ganz und gar, im Charakter. Gleichzeitig schaut man gleichgültig zu, wie diese Person wütet, weint oder vor Angst zittert. Das heißt, daß zwei Dinge gleichzeitig auf der Bühne passieren, die auf einen sehr ausgeglichenen Zustand hinauslaufen. Als Charakter steigert man sich in Angst oder Zorn hinein, während man als Schauspieler ganz cool und gelassen bleibt.

Ich wünschte, ich könnte im wirklichen Leben einen Weg finden, die gleiche Sichtweise durchzuhalten: alles zu fühlen, aber gleichzeitig nicht in meine Gefühle verstrickt zu werden. Wenn ich spiele, achte ich außerdem sorgfältig darauf, was die Leute sagen; ich schaue in ihr Inneres, um zu verstehen, wer sie wirklich sind; ich antworte mit Bedacht und Feingefühl; ich spüre, wann es an der Zeit ist, etwas zu tun oder etwas zu sagen. Das macht gute Schauspielkunst aus, aber eigentlich sollte ich mich immer so verhalten. Ich bin mir sicher, meine Beziehungen zu anderen Menschen wären besser, wenn ich es täte.

Die Leute sagen mir oft, daß meine Bewegungen sehr sorgfältig und genau zu sein scheinen, aber das stimmt nur, wenn ich auftrete. Im täglichen Leben bin ich ein ausgemachter Tolpatsch: Ich falle ständig hin, verschütte den Wein, renne gegen Sachen. Im wirklichen Leben handle ich nicht wie auf der Bühne, und ich wundere mich immer, warum ich meine Bühnenerfahrung nicht im täglichen Leben anwende. Ich möchte mein normales Leben mit der gleichen Aufmerksamkeit führen können, wie ich es auf der Bühne tue. Ich bin mir sogar sicher, daß die Schauspielkunst eine sehr gute Übung fürs Alltagsleben ist.

Ich bin nun seit mehr als fünfzig Jahren Schauspieler, aber nicht immer kann ich das, was ich gelernt habe, auf mein Alltagsleben übertragen. Also muß ich weiter an mir arbeiten.

Widerspruch

Ich habe viele Erinnerungen, die mit Shakespeares Stück *Der Sturm* verbunden sind. Meine erste Zusammenarbeit mit Peter Brook war eine Fassung des *Sturm* (am Roundhouse-Theater in London 1968). Ich spielte Ariel, einen Luftgeist. Mir wurde gesagt, daß er ständig herumhüpft und fliegt, aber ich beschloß, auf gar keinen Fall zu hüpfen oder zu fliegen zu versuchen, sondern meine Füße die ganze Zeit hübsch auf dem Boden zu lassen: das absolute Gegenteil zu tun.

Anfang der Siebziger war Meditation in Europa groß in Mode. Um diese Zeit traf ich einen Yoga-Meister, der sehr seriös wirkte und wie ein »Wahrer Meister« aussah. Aber ich weiß, daß in Asien wirkliche Meister nicht so aussehen. Auf den ersten Blick sieht ein wirklicher Meister wie ein Scharlatan aus. Der erste Eindruck von diesem Mann war der eines »Großmeisters«, und so war ich sicher, daß er ein Scharlatan war.

Bevor man im wirklichen Leben jemandem begegnet, ruft seine oder ihre Reputation ein Bild im eigenen Geist hervor. Aber wenn man dann diese Person tatsächlich trifft, findet man in vielen Fällen das genaue Gegenteil von dem, was man erwartete. Wenn ich also eine Figur spiele, versuche ich zuerst das genaue Gegenteil zu tun. Allerdings muß ich da auf der Hut sein. Wenn ich mich darauf versteife, immer nur das Gegenteil zu tun, gerät alles zum Spiel oder Scherz. Zunächst versuche ich, dieses Gegenteil auszuprobieren, während ich mich in die Erzählung versenke, und nach und nach verarbeite ich das in meinem Innern. Ich versuche zu spüren, wie dieser Widerspruch sich auf die Wörter, die ich spreche, und die Beziehungen um mich herum auswirkt. Ich trachte nicht danach, originell oder kreativ zu sein; das ist nichts weiter als ein Falschspiel. Ich bemühe mich statt dessen, Unerwartetes zu entdecken, aber gleichzeitig herauszufinden, was wahrheitsgemäß ist. Wenn ich bei der Gestaltung meiner Figur in einem bestimmten Augenblick glaube, ich sollte die Wörter hinausschreien, versuche ich statt dessen, den Text lachend vorzutragen. Menschen sind vielschichtig und tun überraschende Dinge.

Viele Jahre nach dem *Sturm* am Roundhouse-Theater spielte ich Gonzalo in Brooks späterer Fassung des Stücks. Er wurde als freundlicher und weiser Mann beschrieben, also beschloß ich, ihn auf keinen Fall als einen weisen Mann zu spielen. Statt dessen versuchte ich, ihn ein bißchen albern und dumm und ohne einen Anschein von Freundlichkeit zu gestalten. Auf diese Weise sieht das Publikum zuerst etwas Widersprüchliches, doch im Spielverlauf begreift es allmählich, daß Gonzalo ein freundlicher Mann ist. Man beginnt mit dem Gegenteil, aber weil man die Verse Shakespeares sprechen und als Gonzalo agieren muß, kommt nach und nach Gonzalos Freundlichkeit zum Vorschein.

Wenn man einen Mann spielt, der dumm aussieht, aber eigentlich weise ist, muß man auch etwas liefern, was das Publikum überzeugt. Wenn man einen Mann spielt, der weise aussieht, wird man damit einen gewissen Erfolg haben; die Zuschauer werden sich sagen: »Aha, das ist ein Weiser.« Aber wenn man diese Information dem Publikum förmlich aufdrängt, schaltet es ab. Wenn er dumm aussieht, ist immer noch die Frage, ob er vielleicht doch weise ist, und das Publikum wird daran interessiert sein, die wirkliche Persönlichkeit zu begreifen. Es bleibt Raum für seine Vorstellungskraft. Nicht nur die Schauspieler, auch die Zuschauer arbeiten.

Wie ich weiter oben schon sagte: Wenn unsere logische Analyse des Charakters darauf hinweist, daß sich uns an einem bestimmten Punkt der Begriff »Zorn« aufdrängt, versuchen Sie es doch mal mit dem Gegenteil. Versuchen Sie zu lächeln. Es ist das gleiche mit der Bewegung: Wenn Sie glauben, Sie sollten nach rechts gehen, versuchen Sie mal, nach links zu gehen. Oder wenn Sie sich Ihrem Mitspieler nähern, gehen Sie rückwärts, wenn Sie das Gefühl haben, daß Sie ihm auf den Leib rücken sollten. Oder Sie beschließen vielleicht, daß Sie an einer bestimmten Textstelle den Kopf senken wollen. Versuchen Sie dann mal, den Kopf zu heben. Wenn Sie das Gegenteil erkunden, entdecken Sie vielleicht etwas, was besser ist als Ihre ursprüngliche, vom Verstand diktierte Idee.

Doch unter der Oberfläche des Charakters liegt noch eine andere Ebene: die Energie des Schauspielers. Wenn sie stark ist, beginnt das Publikum etwas Einzigartiges zu spüren. Die Zuschauer können sehen, daß die Figur, die man spielt, eine wahrhaft unausstehliche Person ist, aber gleichzeitig wissen sie die besondere Kunst des Schauspielers zu schätzen. Gute Schauspielkunst ist am Werk, wenn das Publikum den Widerling haßt, aber gleichzeitig, auf einer zutiefst menschlichen Ebene, tief ergriffen wird, wenn es sieht, wie der Schauspieler diese Gestalt zum Leben erweckt. Die Zuschauer hassen den Schurken auf der Bühne, aber sie verhalten sich anders gegenüber dem Schauspieler, der die Rolle spielt. Sie können spüren, daß das Wesen des Schauspielers schön ist, also lieben sie ihn, während sie gleichzeitig die Figur hassen.

Das ist keine intellektuelle Auffassung des Aufruhrs, der im Innern der Figur tobt, nicht einmal eine Einfühlung in ihre Lage, aber eine tiefere Einfühlung in den Schauspieler selbst. Es ist wie bei einer Begegnung zweier Menschen: der Schauspieler und das Publikum begegnen sich in der Figur. So kann man eine besondere Beziehung aufbauen. Im täglichen Leben begegnet man selten Menschen auf dieser tiefen Ebene, aber auf der Bühne kann man sowohl den Bösewicht als auch den hingebungsvollen Schauspieler erleben. Daher kann die Figur eine sehr tiefe menschliche Beziehung zwischen Schauspieler und Zuschauer stiften.

Nach der Vorstellung ist der Körper des Schauspielers als Körper der Figur tot. Sein Bewußtsein hat diese Figur auf der Bühne gesteuert, aber wenn das Spiel aus ist, läßt dieses Bewußtsein diese Figur wieder los. Dann geht der Schauspieler heim und spielt die Rolle des Ehemanns oder Vaters, aber sein Bewußtsein ist immer noch etwas gespalten. Bewußtsein hat keinen Namen, keine Farbe, keine Form. Aber wir alle haben es, und man kann es im täglichen Leben gut gebrauchen.

Es bringt nichts, wenn sich ein Schauspieler auf der Bühne in den Charakter verliert. Wenn man betrunken ist, läßt man sich gehen; man sucht einen Ort auf, wo man vielen seelischen Problemen aus dem Weg gehen kann. Das gleiche kann beim Schauspielen geschehen. Aber das ist kein kontrollierter Zustand. Es ist fast ein Zustand von

Ohnmacht, wie die Wirkungen einer Droge oder Trance. Wenn Schauspieler sagen: »Ich bin ganz in meiner Rolle aufgegangen« oder »Ich erinnere mich überhaupt nicht mehr an das, was ich tat«, dann ist das keine gute Schauspielkunst. Wir sollten versuchen, den Charakter und das, was geschieht, zu beobachten, statt von nichts eine Ahnung zu haben. Aber wenn man das Beobachten übertreibt, schaltet der Körper ab, und nichts geschieht. Das ist eine andere Form der Übertreibung. Wie ich schon weiter oben sagte, wenn man mit *ri-ken-no-ken* arbeitet, kann man mit diesem Problem fertig werden.

Gedanke und Text

Als ich einmal einen Workshop leitete, fragte ich die Teilnehmer, worauf sie sich beim Theaterspielen konzentrierten. Sie antworteten: »Situation und Gefühl.« Später fragte ich Peter, was er davon hielt, und er sagte: »Ja, die Situation ist sehr wichtig. Wo du bist und was du tust, hat einen großen Einfluß auf dich. Es verändert dich. Sich in jedem Augenblick auf genaues Denken zu besinnen, ist auch sehr wichtig, denn nur so können die Gefühle auf natürliche Weise zum Vorschein kommen. Aber wenn du über die Gefühle nachdenkst, wirst du zum Gefangenen des Denkens an die Gefühle. Du verlierst Freiheit.« In der Tat: wenn Schauspieler auftreten, werden sich die Gefühle ganz von selbst einstellen. Wenn wir versuchen, sie im Voraus zu fixieren, verlieren wir Freiheit. Nur auf die Situation und das Denken kommt es an, nicht auf die Gefühle.

Wenn man Theater spielt, beschreibt man die dramatische Situation nicht nur mit Worten. Wir wissen bereits, daß sich das entsprechende Gefühl einstellt, wenn man die richtige Körperposition einnimmt. Körper und Gefühl sind miteinander verbunden, und die Wörter können diese tieferen Verbindungen aktivieren. Wenn man den Körper in einer neutralen Position beläßt und dann sagt, »Ich bin wütend«, werden diese Worte den Körper in gewisser Weise verwandeln. Das Gefühl stellt sich ein, denn Wörter scheinen eine Form der Magie zu sein, wie eine Beschwörungsformel. Wenn ich die Worte sage »Ich bin ruhig«, wird sich Seelenruhe einstellen.

Ein Schlüsselsatz lautet hier: »Der Körper ist neutral.« Bevor diese »Wortmagie« wirken kann, muß der Schauspieler einen neutralen Körper haben. Wenn der Körper schon von Wut geschüttelt wird und der Schauspieler sagt: »Ich bin ruhig«, glückt es wahrscheinlich nicht. Nur ein offener Körper kann die Anregung des Worts aufnehmen und der Sprache die Chance geben, sich aufs Innenleben auszuwirken. L. M.

Wenn man im Schwimmbad ist und vom Sprungbrett springt, erlaubt einem die Biegsamkeit des Holzes, höher zu springen. Das Wort ist eine Art Sprungbrett, das es einem erlaubt, in einen anderen Zustand zu gelangen.

Wenn wir Theater spielen, sprechen wir außerdem sehr oft einen Text, der etwas beschreibt, Bilder heraufbeschwört oder eine Hoffnung weckt. In diesem Fall tut man gut daran, sich die Szene im Geist vorzustellen und dann mit Worten zu beschreiben, was man tatsächlich sieht. Der

Schauspieler sollte die Wörter des Textes nicht so wahrnehmen, wie sie im Manuskript stehen, sondern die Szene als geschaute Wirklichkeit verstehen.

Ich tue mich sehr schwer mit Fremdsprachen, quäle mich sehr damit ab, sie zu lernen und zu verstehen, und werde meinen starken japanischen Akzent doch nie los. Leider sind in den letzten Jahren die meisten meiner Aufführungen entweder in Französisch oder Englisch gewesen, was für mich nicht angenehm ist. Wenn die Proben anfangen, neige ich normalerweise dazu, mir die Zeilen des geschriebenen Texts im Geist vorzustellen, dann den Text zu lesen als befände er sich auf einem Teleprompter. Aber es hört sich unbeholfen an. Also versuche ich, den Worten einen natürlicheren Klang zu geben. Dabei folge ich dem visuellen Pfad und versuche das Bild dessen zu sehen, was ich beschreibe, wie einen Film. Wenn ich das tue, liest sich der Text flüssiger, und die Betonungen erscheinen natürlich. Leider ist meine Aussprache immer noch schlecht.

Gute Quellen für Reden, die ein starkes visuelles Element enthalten, kann man in allen Schauspielen der griechischen Tragödie finden. In jedem Schauspiel gibt es eine Szene, wo ein Bote erscheint und Ereignisse beschreibt, deren Zeuge er außerhalb der Bühne gewesen ist. Das sind zentrale Szenen, die oft den Tod einer Hauptfigur schildern, und sie erzählen die Ereignisse in genauen und anschaulichen Einzelheiten. L. M.

Wie man die Karte benutzt

Bei den Proben ist die Reiseroute oder Landkarte für das Stück erstellt worden; man hat den Text gelernt, die Gedanken und Figur und Charakter erforscht. Außerdem sind Entscheidungen über den Raum und seine Nutzung getroffen worden. Aber das ist nur ein Anfang. Der Schauspieler muß sich jetzt darauf konzentrieren, wie er diesen Entwurf am Abend der Vorstellung in die Tat umsetzt. Die Reise ist bis ins kleinste kartographiert worden, aber wie gelangen wir nun konkret anhand dieser Schritt-für-Schritt-Planung von A nach B nach C?

Ich fange beim Anfang an. Am Anfang jeder Theateraufführung ist das Publikum noch nicht wirklich auf den Besuch der Vorstellung vorbereitet. Die Schauspieler müssen sich überlegen, wie sie es einfädeln, daß die Zuschauer sich auf die Aufführung einlassen. Wie beim Autofahren fährt man im ersten Gang an. In diesem Augenblick verbraucht man viel Benzin. Hat man die gewünschte Geschwindigkeit erreicht, kann man es ruhiger angehen.

Peter arbeitet immer viel am ersten Teil der Inszenierung, in der Überzeugung, daß man von dieser Arbeit zehren kann, sobald der Vorhang sich hebt. In der Tat ist der Beginn einer Vorstellung sowohl für die Schauspieler als auch fürs Publikum ein kritischer Punkt, und man muß sich bemühen, alles richtig zu machen. Ein Schauspieler des modernen Theaters in Japan begann eine Aufführung mit einem Auftritt, wo er aus einem Haus treten und eine Treppe hinabgehen mußte. Er probte diesen Auftritt eine ganze Woche lang. In seinem Buch *Zeitfäden* beschreibt Peter die erste Szene im Stück *L'homme qui …*:

> Yoshi Oida trat an den Tisch, entzündete die Kerze mit besonderer Konzentration und starrte lange und durchdringend in die Flamme. Dann blies er sie aus, nahm ein neues Streichholz, entzündete die Kerze und blies sie erneut aus. Als er die Handlung erneut wiederholte, merkte ich, wie die Spannung im Publikum stieg. Die Zuschauer konnten viel mehr in die einfachen Handlungen hineinlesen, als sie dem Anschein nach ausdrückten; deshalb brauchten sie keine Vorbereitung, keine Ausbildung, keinen Bezug und vor allem keine gemeinsame Kultur. Sie verstanden unmittelbar, was passierte. Endlich schienen wir uns der Transparenz zu nähern, die so lange schon unser Ziel war.*

Ich las das und fühlte mich sehr geehrt, so gelobt zu werden, aber wenn ich Theater spiele, habe ich eigentlich keine Ahnung, ob ich meine Sache gut oder schlecht mache. Manchmal, wenn ich an alles denke und mit meiner Arbeit zufrieden bin, sagen die Leute, sie sei nicht gut. In gewisser Weise können Schauspieler sich nie sicher sein. Wir wollen immer gut sein, aber einmal sagen die Leute »gut«, dann wieder »schlecht«, und so ist es für den Schauspieler arg schwer, sich ein Urteil zu bilden. Ich arbeite sehr gern mit Peter zusammen, weil ich seinem Urteil vertrauen kann,

* Peter Brook, *Zeitfäden*, Frankfurt am Main 1999, S. 299.

aber als Schauspieler frage ich mich, auf welche Einzelheiten die Leute positiv reagierten. Ich will herausfinden, warum es funktionierte.

Ich weiß, daß ich bei dieser Szene meine schauspielerischen Fähigkeiten nicht bewußt einsetzte oder alle Register der Schauspielkunst zog, um diese Rolle spielen zu können. Aber ich merkte, daß das Publikum alles gut aufnahm und gefesselt zu sein schien. Im Grunde versuchen Schauspieler, eine Geschichte zu erzählen, und das Publikum hört zu. Ich hatte jedoch ein anderes Ziel; ich wollte die Geheimnisse des Geistes mit dem Publikum teilen. Ich versuchte nicht, die Szene gut zu spielen, »gutes Theater« zu machen oder das Publikum zu unterhalten.

Ich begann damit, daß ich auf die Kerze zuging, mich auf einen Stuhl setzte und sie anstarrte. So wollte ich die Aufmerksamkeit der Zuschauer auf meinen körperlichen Zustand und die Bewegungen meines Körpers lenken. Mein Verhalten hatte nichts mit dem Verhalten im normalen Leben zu tun; ich mußte das genaue Bild für einen Menschen mit einem Gehirnschaden finden. Dafür waren die Beobachtungen, die die Schauspieler im Krankenhaus gemacht hatten, sehr nützlich. Meine Figur hatte ein besonderes neurologisches Problem: Wenn sie Gegenstände sah (in diesem Fall Kerze und Streichholz), konnte sie der Versuchung nicht widerstehen, zwischen diesen beiden Objekten eine Verbindung herzustellen und sie zu benutzen. So griff sie sofort nach dem Streichholz, um die Kerze anzuzünden. In jenem Augenblick hatte ich, während ich diese Handlung ausführte, fast kein Bewußtsein von dem, wer ich war und was das Publikum über meine Figur dachte. Ich konzentrierte mich nur auf das Streichholz und die Streichholzschachtel, um Feuer zu machen.

Als nächstes wollte ich den Blick des Publikums auf meine Hände und die Streichhölzer lenken, die neben der Kerze lagen. Nur die Streichhölzer und meine Hände, sonst nichts. Ich nahm ein Streichholz, als wäre es ein Stöckchen, und konzentrierte meine Aufmerksamkeit auf den Augenblick des Anzündens. Ich durfte nichts übereilen oder zu lange warten. Es mußte genau der richtige Augenblick sein. Es ging hier nicht um Kalkül, sondern um Instinkt. Nicht nur meinen eigenen Instinkt; ich mußte den Augenblick erspüren, wenn das Publikum das Gefühl hatte, daß ich die Kerze anzünden sollte. Es kam darauf an, daß ich sie genau dann anzündete, wenn die Zuschauer es wollten.

Dann mußte ich wissen, wann ich sie ausblasen sollte. Wieder nicht zu früh oder zu spät – im richtigen Augenblick. Und wieder war es das Publikum, das mir jeden Abend das Zeichen gab (obwohl es sich dieser Verantwortung nicht bewußt war). Danach mußte ich die Handlung wiederholen: die Kerze anzünden und auslöschen. Natürlich konnte ich nicht einfach wiederholen, was ich beim ersten Mal getan hatte. Das Tempo mußte schneller sein als bei der vorangegangenen Sequenz, und meine Körperhaltung mußte ein wenig anders sein. Es war ein entscheidender Moment; in jenem Raum gab es nur vier Elemente: der Mann mit dem Hirnschaden, das Streichholz, das Publikum und mich, sonst nichts.

Die Bewegung für das Anzünden des Streichholzes entstand im Arm. Tatsächlich war es nicht mein Ziel, das Streichholz anzureißen, sondern den Arm richtig zu bewegen. Und diese Armbewegung selbst entstand aus dem, was als »die Harmonie des Körpers« bezeichnet werden kann. Und nur dank diesem allgemeinen Zustand konnte ich meinen Arm organisch bewegen, so daß die Kerze in der richtigen Weise angezündet wurde.

Auch wenn der Anfang des Stücks Sorgfalt, Aufmerksamkeit und Energie erfordert, ist es genauso wichtig, daß man nichts übertreibt.

Einer von Buddhas Schülern arbeitete sehr ernsthaft an seiner spirituellen Entwicklung, aber er kam keinen Schritt voran. Buddha suchte ihn auf und sagte: »Ich hörte, daß du, als du zu Hause wohntest, ein sehr guter Harfenspieler warst. Ist das wahr?« Der Schüler erwiderte: »Ja, ich spielte sehr gut.« Buddha fuhr fort: »Was geschah, wenn die Saiten beim Spielen zu straff waren?« – »Der Klang war nicht sehr gut.« – »Und wenn sie locker waren?« – »Wenn sie zu lokker waren, war der Klang auch schlecht.« – »Was hast du denn gemacht, damit es einen guten Klang gab?« Der Schüler antwortete: »Ich habe die Saiten weder zu straff noch zu locker, sondern genau so gestimmt, daß sie den richtigen Ton trafen.« Buddha sagte: »Mit unseren Übungen ist es genauso. Wenn du dich bei der Arbeit zu sehr anstrengst, fängt dein Herz an zu rasen. Du kannst keine Ruhe finden. Aber wenn du dich nicht genug anstrengst, wird es langweilig und unergiebig.«

Ich bin ein miserabler Koch. Wenn ich koche, denke ich immer, es fehlt vielleicht noch eine Prise Salz, also gebe ich Salz dazu, und am Ende ist alles versalzen. Oder: »Es hat noch nicht lange genug gekocht«, also lasse ich das Essen länger auf dem Ofen, und am Ende ist es zerkocht oder angebrannt. Ich traue den Kochzutaten nicht und habe das Gefühl, etwas hinzufügen zu müssen, um es noch besser zu machen. Am Ende ist es immer zu viel, oder es verschmort. Es klappt nie. Mit der Schauspielkunst ist es genauso. Wenn man auftritt, hat man immer das Gefühl, daß es nicht genug ist, und so tut man des Guten zuviel. Dann wird das Publikum überfordert, und die Vorstellung ist nicht mehr interessant. Man macht es sehr gut, aber die Leute langweilen sich beim Zuschauen. Man muß einfach auf die Mittel vertrauen, die man besitzt.

Der innere Raum

Nach der buddhistischen Lehre ist das Herz wie ein Affe, der von Ast zu Ast springt: immer in Bewegung, nie still und ruhig. Es zittert, bangt und bebt, unbeherrscht und unvorhersehbar. Das Herz zu besänftigen ist nicht leicht. Hilfreich kann dabei die buddhistische Methode des *sanmai* sein.

In *Zwischen den Welten* erwähnte ich, daß es im Zen-Kloster drei wichtige, bei der Meditation verwendete Begriffe gab: *tanden-riki*, *sanmai* und *kufu*.* *Tanden-riki* bündelt die Energie im *tanden*-Punkt**, um zu verhindern, daß die Meditation seicht oder nichtssagend wird. *Kufu**** bezieht sich auf die Tricks oder Techniken, die mit der Konzentrationsfähigkeit zu tun haben, wie Atemzüge zählen oder sich auf ein Bild konzentrieren. *Sanmai* ist die Wahrnehmung jeden Augenblicks und die Konzentration auf einfache Tätigkeiten, die man in diesem Moment ausführt:

Wenn man ißt, denkt man nur ans Essen; wenn man geht, konzentriert man sich nur aufs Gehen – immer nur auf eine Sache.

Der Schauspieler arbeitet mit *sanmai*. In jedem Augenblick richtet er sein Augenmerk darauf, wie er einen bestimmten Vers spricht oder eine einzelne Geste macht und sich auf die unmittelbare Gefühlsreaktion konzentriert. So lautet die Theorie, aber immer wieder ertappe ich mich beim Gedanken: »Oje, das habe ich aber ziemlich vermasselt« oder »Wie lautet noch gleich der nächste Vers?«. Manchmal hört man Husten aus dem Publikum, man ärgert sich und sagt sich, »Warum muß der Kerl diesen wunderbaren Augenblick verderben?«. An anderen Tagen frage ich mich, was das Publikum wohl denkt, wenn ich an einer bestimmten Stelle stehe. Ich sage mir dann: »Vielleicht sollte ich mich woanders hinstellen« oder »Warum spielt mein Bühnenpartner so miserabel?«. Diese Nebengedanken stellen sich ungebeten ein, aber sie sind absolut keine Hilfe.

Auf der Bühne versucht man, jede Einzelheit der Handlung sehr sorgfältig wiederzugeben. Wenn man mit ande-

* Siehe Yoshi Oida, *Zwischen den Welten*, Berlin 1993, S. 47 f. (A. d. Vlgs.)
** *Tanden* ist das japanische Wort für das chinesische *Dantian*, wörtlich: Zinnober-Feld; *Tanden* ist auch ein anderes Wort für *Hara*. Im Japanischen besteht das Wort aus zwei Teilen: *tan* = eins, einzig, einfach, einzigartig, individuell, *den* ist die Übertragung des Buddha-Dharma innerhalb der Tradition des Zen. *Tanden* kann man mit »Übertragung des Einen«, aber auch als »das Eine, das Einzige« übersetzen. (A. d. Ü.)
*** *Kufu* ist im Japanischen der Plan, das Projekt, die Erfindung. Im Kampfsport *Budô* bezeichnet es einen Zustand höchster Aufmerksamkeit und Konzentration auf eine bestimmte Sache oder Handlung. (A. d. Ü.)

ren Schauspielern spricht, gibt man sich Mühe, aufmerksam zuzuhören. Um eine gute Beziehung zu schaffen, konzentriert man sich ganz auf den Versuch, zu verstehen, was andere Leute sagen. Bei den Aktionen ist es genauso. Man konzentriert sich auf jedes Detail der Bewegung. Wenn man zur Teekanne greift, weiß man genau, was man tut, und man achtet darauf, wie man die Tasse hebt. Und man schafft das, wenn man die Aufmerksamkeit auf den Augenblick richtet. Hin und wieder sind Schauspieler tolpatschig, und in unserem Kopf geht es zu wie in einem Taubenschlag, aber wir geben uns immerhin Mühe, es hinzukriegen.

Als junger Mann erlernte ich in Japan die Teezeremonie. Eines Tages bat mich der Meister, Tee für ihn zu bereiten. Obwohl ich nervös war, versuchte ich mich peinlich genau an die Form des Teezeremonierituals zu halten. Ich konzentrierte mich intensiv auf alles, was ich tun mußte: wie man die Tasse anfaßt; auf das Kochgeräusch des Wassers wartet; das Wasser vorsichtig nimmt; grünes Teepulver in die Kanne schüttet; die Serviette behutsam anfaßt; das heiße Wasser sorgfältig mit dem Teepulver mischt. Schließlich beendete ich den ganzen Teezeremonieprozeß und setzte die Teetasse vor meinen Teemeister. Er sagte: »Ja, ich spüre, du hast einen köstlichen Tee zubereitet.« Dann nahm er seinen ersten Schluck.

Als ich die Zeremonie ausführte, dachte ich aber nicht daran, einen wohlschmeckenden Tee zu bereiten. Ich konzentrierte mich einfach auf den Vorgang. Der Meister, der mir zuschaute, sah mein Tun in einem anderen Licht; er ließ den Geschmack des Tees in seiner Vorstellungskraft aufsteigen. Noch bevor er den Tee gekostet hatte, hatte er seine eigene Schlußfolgerung gezogen.

Das gleiche ist mir einmal passiert. Einmal schaute ich bei der zeremoniellen Zubereitung eines Karpfens zu. Der Shinto-Priester schnitt den Fisch in einer sehr rituellen Weise. Nach der Zeremonie wurde der Fisch gegrillt und den Schaulustigen angeboten. Als ich von dem Fisch kostete, schien er köstlich zu schmecken. Ich weiß nicht, ob er wirklich besser war als andere Fische oder ob meine Vorstellungskraft, einfach dadurch, daß ich bei der Zeremonie zugeschaut hatte, diesen Eindruck hervorrief.

Konzentration und Vorstellungskraft

Peter Brook schildert in seinem Buch *Zeitfäden* eine bestimmte Improvisation, die wir in den frühen Tagen der Truppe durchführten:

> Zu Anfang erlaubten wir niemandem, bei unseren Experimenten zuzuschauen – und doch brauchten wir Zuschauer. Wenn wir uns nur gegenseitig beobachteten, würden wir bald in den Narzißmus verfallen, den wir vermeiden wollten. Doch unsere Experimente waren zu fragil, um die Schläge harter Kritik ertragen zu können. Deshalb waren Kinder die ersten, die wir in unserem Raum einluden, und sie lehrten uns eine Menge, weil ihre Reaktionen unmittelbar und treffend waren. Zuerst versuchten wir, die Kinder dazu zu ermutigen, die Freiheit des Raums zu genießen, aber zu

unserem Schrecken gerieten sie nur außer Rand und Band. Nach einer demütigenden Sitzung, bei der sie sich unsere Bambusstöcke gegriffen, uns in die Ekken gejagt und auf uns eingedroschen hatten, überdachten wir alles noch einmal. Wir hatten gesehen, daß eine falsche Freiheit ins Chaos führte, und erkannten, daß es nichts brachte, Kindern eine Erfahrung zu bieten, die sich in nichts davon unterschied, wenn sie auf ihrem eigenen Spielplatz herumrannten und schrien. Wir durften nicht nachlässig vorgehen; sie verdienten etwas Besseres, und das zwang uns dazu, die genauen Bedingungen zu studieren, die Fokussierung und Konzentration steuern. Bei der nächsten Sitzung fingen wir anders an. Ruhig versammelten wir die Kinder um eine Plattform herum, und die Schauspieler, die mit ganz einfachen Improvisationen arbeiteten, etwa der Erforschung der geheimnisvollen und komischen Möglichkeiten einer Pappkiste, hatten keine Schwierigkeiten, die Aufmerksamkeit und Phantasie der Kinder wachzuhalten. Dann versuchten die Schauspieler ein sehr schwieriges Experiment, nämlich von der Plattform herunterzusteigen und zwischen den Kindern umherzugehen, um zu sehen, ob diese dasselbe Schweigen und dieselbe Konzentration bewahren konnten, auch wenn sie nicht unter stetiger Kontrolle standen. Und natürlich, sobald die dominante Position nicht mehr besetzt war, ging auch die Aufmerksamkeit der Kinder mit ihr dahin.*

* Peter Brook, *Zeitfäden*, Frankfurt am Main, S. 231 f.

Peter schrieb weiter, daß es mir zu seiner Überraschung gelungen war, die verlorene Konzentration wiederherzustellen. Ich fragte mich, wie das geschehen war, und mir wurde klar, daß ich das Ganze aus einem anderen Blickwinkel betrachtete. Die eigentliche Improvisation ging über einen Fischer, der das Leben einer Schildkröte gerettet hatte. Voll Dankbarkeit lud die Schildkröte den Fischer ein, ihren Palast in den Tiefen des Ozeans zu besuchen. Die erste Szene wurde auf einer ein mal zwei Meter großen Plattform gespielt, und beim Abstieg in den Ozean mußte ich von der Plattform steigen und mich unter die Kinder mischen. Wenn Schauspieler sich in einer Kindervorstellung unter die Zuschauer mischen, fassen die Kinder in der Regel ihre Körper an oder reden mit ihnen. Ich brauchte viel Mut für diesen Augenblick des Abstiegs von der Plattform, denn ich wollte vermeiden, daß die Reaktionen der Kinder die auf dem Meeresboden herrschende Atmosphäre zerstörten. Um die Kinder auf Distanz zu halten und zu verhindern, daß sie mich anfaßten, als ob ich ein vorübergehender Freund sei, mußte ich unsichtbare Barrieren errichten, um eine weniger hautnahe Beziehung zu diesem besonderen Publikum zu behalten. Ich versuchte, eine Art Leere zu schaffen, damit die Kinder, wenn ich mich unter sie mischte, ruhig und aufmerksam bleiben würden, und zwar auch dann, wenn ich einmal für kurze Zeit aus ihrem Blickfeld verschwand.

In dem Augenblick, als ich vom »Boot« ins »Wasser« stieg, konzentrierte ich mich darauf, meine Welt mit der Welt der Kinder zu verbinden – und dabei nicht darüber nachzudenken, wie ich mich bewegte oder was ich tat, sondern nur darüber, wie das zu bewerkstelligen war. Ich mußte eine unsichtbare Barriere errichten und fragte mich, wie das zu schaffen sei. In der Regel erzielen Schauspieler diese Wirkung, indem sie eine Figur oder ein Gefühl finden, aber dieser Ansatz kam hier nicht in Frage. Ohne über Figuren oder Gefühle nachzudenken, stellte ich mir einfach vor, ich wäre im Wasser und watete durch es hindurch, während die Kinder die umherschwimmenden Fische waren. Ich hoffte, daß meine Vorstellungskraft eine geeignete Konzentration auf mich und meine körperlichen Aktivitäten schaffen und so irgendwie eine Schranke zwischen mir und den Kindern errichten würde. Ich konzentrierte mich in meiner Vorstellung intensiv auf dieses Bild und versenkte mich ganz in den Augenblick.

Manchmal im wirklichen Leben, wenn man sich ein Fußballspiel anschaut und ein Spieler sich anschickt, ein Tor zu schießen, sind alle nur von dem einen starken Wunsch beseelt, daß der Ball ins Netz geht. Ihre ganze Konzentration ist Wunsch und Wille. In einem Café fällt mir eine schöne Frau auf, und ich konzentriere mich ganz darauf, daß sie mich ansieht. Dreh deinen Kopf zu mir, dreh bitte deinen Kopf. Das ist mein Herzenswunsch. Manchmal glückt es, manchmal nicht. So ähnlich ist es, wenn ich spiele: Es gibt einen ungemein starken Wunsch, daß das Publikum nicht das Interesse an meinem Tun verliert. Es geht um Genauigkeit: Schau dir diesen Stift an; oder gar, schau dir diese Spitze dieses Stifts an. Als ich mit den Kindern arbeitete, war ich bestrebt, sie in einen großen Kreis, eine Gesamtheit einzubinden. Und bei der Kerze in *L' homme qui ...* ging es allein darum, die Zuschauer dazu zu bringen, das Streichholz und die Streichholzschachtel zu sehen, die Flamme zu sehen, die Kerze zu sehen und die Beziehung zwischen der Kerze und meinem Auge zu sehen.

Tatkraft

In einer alten japanischen Erzählung drang eine große Ratte in ein Haus ein und eroberte sich ein Zimmer. Diese Ratte war sehr stark und wild. Der Hausbesitzer fühlte sich gestört und wurde zornig, da die Ratte immer wieder Dinge zerbrach, Leute biß und ganz allgemein einen großen Schlamassel anrichtete. So setzte der Hausherr seine Katze in das Zimmer. Aber die Ratte attackierte die Katze, die sogleich die Flucht ergriff. Der Hausbesitzer bat nun seine Nachbarn, ihm ihre stärksten, zähesten Katzen auszuleihen, und diese Tiere setzte er eins nach dem anderen in den Raum mit der Ratte. Aber jede dieser Katzen wurde von der Ratte zerbissen und nahm Reißaus. Schließlich packte der Eigentümer einen Stock und beschloß, es selbst mit der Ratte aufzunehmen. Der Mann wirbelte durchs Zimmer und drosch wie wild auf die Ratte ein (die so flink war wie er stark). Jedes Mal, wenn er nach der Ratte schlug, wich sie aus und floh, und der Mann erreichte nichts, außer daß er noch mehr Möbelstücke zertrümmerte. Dann sprang die Ratte hoch und biß den Mann ins Gesicht. Als er schon kurz davor war aufzugeben, hörte der Mann von einer berühmten, superstarken Katze und sorgte dafür, daß sie in sein Haus gebracht wurde. Als er die Katze sah, war er entsetzt; sie war alt, der Körper war saft- und kraftlos. Obwohl die Katze einen denkbar unzuverlässigen Eindruck machte, beschloß er, ihrem Ruf zu vertrauen und auszuprobieren, ob sie es mit der Ratte aufnehmen könnte. Er setzte die Katze in den Raum, und sogleich erstarrte die Ratte. Sie war wie gelähmt. Die Katze ging gemächlich auf die Ratte zu, nahm sie sanft in den Mund und trug sie aus dem Raum.

Alle Katzen in der Nachbarschaft waren von der Macht dieser Katze fasziniert und luden sie ein, um ihnen zu erklären, was sie getan hatte. Sie fragten: »Welche Technik hast du denn benutzt?«, »Wie hast du das bloß gemacht?«, dann baten sie die Katze, sie zu unterrichten. Die alte Katze bat jede Katze, der Reihe nach die Techniken zu beschreiben, die sie zu benutzen versucht hatte. Die erste Katze sagte: »Zu meiner Technik gehört es, hochzuspringen oder mich durch den kleinsten Spalt zu zwängen. Ich mache schnelle, akrobatische Bewegungen, und selbst wenn die Ratte die Decke erklommen hätte, hätte ich sie dort fangen können. Diese Methode hat bis jetzt immer funktioniert.« Die alte Katze antwortete: »Du hast die richtigen Körperbewegungen gelernt, aber wenn du dich nur auf äußerliche Bewegungen verläßt, kannst du deinen Gegner nicht besiegen.«

Eine zweite Katze meldete sich zu Wort: »Um die Ratte zu fangen, muß man sich ganz auf die innere Kraft konzentrieren und die Macht des *ki* nutzen. Ich habe studiert, wie ich meine innere Kraft steigern und äußerst stark machen konnte. Wenn ich also den Feind erblicke, zeige ich ihm bloß meine innere Kraft, und er wird beim Anblick solcher Macht erbeben. Damit kann ich meine Feinde besiegen. Bis jetzt.« Die alte Katze antwortete: »Wenn du von dieser inneren Kraft abhängig bist und deine Absicht zeigst, deinen Gegner zu töten, kann er die gleiche innere Macht benutzen, um dir Widerstand zu leisten. Und wenn die innere Macht dieser anderen Person stärker ist als deine, ist deine innere Macht nutzlos.«

Die dritte Katze sagte: »Ich versuchte, meine innere Kraft zu benutzen, um eine Harmonie mit dem anderen herzustellen und über diese Harmonie herauszufinden, wie ich meinen Feind besiegen kann. Wenn jemand anderes auch eine starke innere Kraft hat, versuche ich erst gar nicht, Widerstand zu leisten.« Die alte Katze antwortete: »Was du Harmonie nennst, ist keine wirkliche Harmonie. Sie ist künstlich und eine Frucht des Verstandes. Wenn du über diese bewußte, fabrizierte ›Harmonie‹ verfügst, kannst du dich nicht mehr frei bewegen.«

Die alte Katze fuhr fort: »Körperliche Techniken sind wichtig, innere Kraft ist wichtig, und Harmonie ist wichtig. Aber hinter all dem steckt der freie Geist. Wie Wasser kann er sich überallhin bewegen. Es ist ein natürlicher Zustand der Leere, der ›Geistesabwesenheit‹. Wenn ihr diesen Zustand erreicht, können eure Techniken, inneren Kräfte und Harmonien erst wirklich zum Zug kommen. Ihr braucht bloß dazusein, wirklich dazusein, und die Ratte verschwindet, und man braucht nicht mit der Ratte zu kämpfen; sie ist weg. Um euren Gegner zu besiegen, dürft ihr euch nicht an euer Bewußtsein klammern. Auch dürft ihr von einem Ding namens ›Ratte‹ nichts wissen.

Doch selbst dieser Zustand ist noch nicht vollkommen. Wahre Unbewußtheit besteht nicht darin, den Geist zu entleeren. Man darf sich der Tatsache, daß der eigene Geist leer ist, erst gar nicht bewußt sein. Man darf sich nicht vom Begriff der ›Leere‹ einfangen lassen. Man reagiert bloß auf die Welt, die einen umgibt.«

In *Der unsichtbare Schauspieler* schrieb ich, daß ich einmal meinen Noh-Lehrer fragte, wann ein Schauspieler darauf hoffen könnte, in seiner Schauspielkunst Freiheit zu finden. Da der Meister der Schule die Verantwortung dafür trägt, die 600 Jahre alte Tradition zu bewahren, muß er sehr streng sein. Meister Yataro Okura sagte, daß man hart arbeitet, bis man sechzig Jahre alt ist, dann, wenn man dieses Alter erreicht hat, kann man zum ersten Mal frei sein. Aber auch dann, wenn man sechzig Jahre lang geübt hat, entfernt man sich trotzdem nicht allzu weit von der klassischen Form. Als er das Alter von achtzig Jahren erreichte, erinnerte ich ihn daran, daß er vor langer Zeit gesagt hatte, nach dem sechzigsten Lebensjahr sei es möglich, frei zu sein. So fragte ich ihn, ob er sich nach diesem Alter frei fühlte. Er sagte: »Nein, was ich sagte, war falsch. Nur geniale Schauspieler können frei sein. Ich selbst war auf der Bühne überhaupt nicht frei, denn ich konzentrierte mich darauf, keinen Fehler bei der Choreographie zu machen oder den Text nicht zu vergessen. Da ich schon sehr alt war, machte ich mir ständig Sorgen darum, mich an alles richtig zu erinnern. Ich war überhaupt nicht frei. Nur Genies können frei sein.« Ich traf ihn wieder, als er fünfundneunzig war. Diesmal sagte er: »Ich habe alles vergessen, was ein klassischer Schauspieler tun sollte.«

Im Noh-Theater wird jedes Detail der Handlung von der Tradition vorgeschrieben und durch Nachahmung gelernt. Es gibt weder Improvisation noch Raum für eine persönliche Deutung der Rolle. Kein Schauspieler darf von einer erlernten Formel abweichen, es sei denn, daß der Leiter der Schule es ihm erlaubt. Was Yoshi »Freiheit« nennt, ist eher eine Frage der inneren Einstellung als ein äußerliches Experiment. L. M.

Timing

Das Hauptziel aller Schauspielkunst ist, das Leben auf die Bühne zu bringen.

Aber was ist »das Leben«? In der Tat ändert sich »das Leben« ständig, es bleibt nicht allzulang gleich. Leider suchen Schauspieler, wenn sie auftreten, oft nach unveränderlichen Zuständen. Sie suchen nach einem einzelnen starken Gefühl, einer Idee oder Intensitätsstufe. Das wird dem Leben jedoch nicht gerecht. Das Leben ist einem stetigen Wechsel unterworfen, genauso wie unsere Gefühle und unser Verhalten. Schauspieler müssen sich darüber im klaren sein, daß Veränderung notwendig ist. Das kann sich auf die Form oder das Tempo und, wenn sie mit Text arbeiten, die Stimmlage und den Rhythmus beziehen. Auch Gefühle sind ein Element, das man einsetzen kann, um eine Veränderung auszudrücken. Aber Schauspieler müssen darüber hinaus ein Gespür dafür entwickeln, wann und wie sie umschalten sollen. Und das ist eine Frage des Timings.

Als ich ein junger Mann war, trat ich manchmal in Kyogen-Stücken auf. Einmal spielte ich die Rolle eines Tangverkäufers, der ein Lied singen mußte, mit dem er die Leute beschwor, seinen Tang zu kaufen. Nach der Aufführung sagte ein bedeutender Meister, Yagoro Okura (er war der Vater meines eigenen Lehrers und saß im Publikum): »Das letzte Satzglied des Lieds sollte länger gedehnt werden als du es gemacht hast. Versuch es noch mal zu singen.« So mußte ich in meiner Künstlergarderobe dasselbe Lied für ihn singen. Und ich dehnte den letzten Vokal, wie er mich angewiesen hatte. So entdeckte ich dieses »O ja! Ich möchte wirklich unbedingt meinen Tang verkaufen!« Eine Dehnung des Vokals um nur eine Fünftelsekunde, und ich fühlte, daß ich wirklich etwas verkaufen wollte, und das Lied selbst gewann mehr an Eindringlichkeit, um die Menschen zum Kauf zu bewegen.

Wie ich schon früher erwähnte, begegnete ich vor ein paar Jahren dem französischen Tänzer Jean Babilée. Babilée ist alt, daher kann er sich nicht mehr so gut bewegen wie vor fünfzig Jahren, aber als ich ihn auftreten sah, konnte ich erkennen, daß er noch immer ein sehr guter Tänzer ist. Seine Bewegungen waren minimal, aber sein Timing war traumhaft, und seine Augenblicke der Stille hatten eine große Macht. Alles schien im rechten Augenblick und in genau der rechten Weise zu geschehen.

Schauspieler müssen wissen, wie man jeden Augenblick in einer organischen Weise verändern und verwandeln kann. Wenn jemand sagt: »Also diese Szene dauert zu lang!« oder »Sie ist zu kurz«, hat der Schauspieler ein Problem mit seinem Timing; wenn er die richtige Variante finden und die Wechsel in organischer Weise vornehmen kann, wird das Publikum solche Dinge überhaupt nicht bemerken.

Atem und Timing

Im *Unsichtbaren Schauspieler* sprach ich von der Bedeutung des Atems.* Die Atmung ist ein sehr mächtiger körperlicher Vorgang, und je nachdem, wie man atmet, fühlt man sich innerlich anders. Man wird tatsächlich verwandelt.

Wenn man die Atmung auf diese Weise verändert, ändert das natürlich auch den Eindruck, den das Publikum gewinnt. Aber es geht hier nicht bloß darum, daß das Publikum eine körperliche Veränderung im Künstler visuell wahrnimmt. Die Zuschauer atmen tatsächlich im gleichen Rhythmus wie der Schauspieler. Und weil sie mit ihm atmen, werden sie von seinem Atem auch körperlich verändert. Wenn man zum Beispiel während einer Vorstellung den Atem anhält, schafft man für sich selbst und fürs Publikum eine gewisse Spannung. Wenn man also einen großen dramatischen Augenblick erreicht, sollte man den Atem anhalten, und das Publikum wird das gleiche tun.

In meiner Jugend studierte ich die *Gidaiyu*-Tradition des Geschichtenerzählens, die sowohl im Kabuki- als auch im Bunraku-Theater verwendet wird. Die Manuskripte sind unveränderlich und damit auch die Pausen. Als ich in Anwesenheit meines Lehrers, Jyuzo Tsuruzawa, eine Übung machte, atmete ich während der Pause ganz normal ein. Er unterbrach mich sofort und sagte: »Hier ist ein Augenblick der Spannung. Wenn du an dieser Stelle normal einatmest, wird dir das ganze Drama dieser Szene mißlingen. Wenn

* Yoshi Oida, *Der unsichtbare Schauspieler*, Berlin 1998, S. 136 ff.

du also an dieser Stelle pausierst, hör auf zu atmen, schnapp dann schnell nach Luft, bevor du wieder zu sprechen beginnst.« Er gab mir noch einen anderen nützlichen Rat. »Wenn du einen langen Satz sprichst und dir in der Mitte der Atem ausgeht, versuch nicht nach Luft zu schnappen. Mach einfach deinen Mund auf, und die Luft wird von selbst hineinströmen. Es ist ein Unterschied, ob man bewußt einatmet oder einfach nur den Mund offen läßt.«

Improvisierte Auftritte

Bis hierhin habe ich die Elemente zur Anfertigung einer Landkarte durch die Proben besprochen, dann die Verwendung dieser Karte bei der aktuellen Aufführung. Aber was geschieht, wenn man beschließt, sich an keine genau ausgetüftelte Reiseroute zu halten?

Als wir 1979 die Inszenierung der *Konferenz der Vögel* für das Festival von Avignon vorbereiteten, bat Brook die Schauspieler, ihre eigene Ein-Personen-Show zu machen. Schon seit langem hatte ich den Wunsch, eine Aufführung mit chinesischen Zen-Texten, *Koans*, zu machen.

Ein Koan ist eine paradoxe Frage, die in der zenbuddhistischen Lehre gestellt wird. Diese Fragen werden als Werkzeuge für das Aufwecken des Geistes der Schüler benutzt, und es sind Fragen, auf die es keine logische Antwort gibt. Ein bekannter Koan lautet: »Wie klingt es, wenn eine einzelne Hand Beifall klatscht?« Indem der Schüler sich mit diesen Paradoxa aus-

einandersetzt, kann seine Einsicht auf eine höhere Ebene gelangen. L. M.

In gewisser Hinsicht sind die Koan-Fragen wie Beckett oder Ionesco; Anti-Theater-Texte. Wenn man am Text klebt, kann man den Sinn nicht verstehen, aber hinter dem Text liegt noch eine andere Ebene. So besteht der Text von *Interrogations (Befragungen)* nur aus Frage und Antwort, aber das ist bloß die äußere Seite. Eine tiefere Ebene von Frage und Antwort verbirgt sich hinter den Wörtern, und es ist interessant, diese Ebene mit den Mitteln des Theaters zu erforschen. So stellte ich dem Publikum die verschiedensten Fragen. Sie waren nicht leicht zu beantworten; in fünf Minuten kann man die Antwort nicht finden. Im Zen-Kloster kann es sogar vorkommen, daß man drei oder vier Jahre lang nach einer Antwort sucht. Das Fragespiel war nur der Auftakt für die Vorstellung, und das Ziel war, eine theatralische Beziehung herzustellen.

Bei der Verwendung dieses Textes war die Hauptfrage: Wie kann ich eine menschliche Beziehung zwischen dem Publikum und mir herstellen? Also versuchte ich mit Hilfe der Musik (es gab auch einen Musiker, der während der Vorstellung improvisierte) und meiner Bewegungen irgendeine Beziehung aufzubauen. Einige Elemente standen fest; ich erzählte bestimmte Geschichten und stellte besondere Fragen. Aber davon abgesehen war alles offen; Leute aus dem Publikum konnten ihre eigenen Antworten oder Bemerkungen beisteuern. In diesem Fall mußte ich sofort und spontan antworten. Wie die Musik waren auch meine Bewegungen improvisiert. Die Vorstellung dauerte siebzig

Minuten, aber der feststehende Text war kürzer als zehn Minuten. Bei jeder Aufführung benutzte ich bestimmte Elemente, wie Bambusstöcke, so daß sich jeden Abend einige physikalische Bestandteile ähnelten, aber nichts war choreographiert.

Als ich an *Interrogations* arbeitete, wollte ich lernen, wie man mit Tanz improvisiert, denn das war eine Fähigkeit, die ich nie gelernt hatte. Ich suchte als erstes die amerikanische Choreographin Carolyn Carlson auf. Sie sagte, Improvisation setze sich aus drei Elementen zusammen: Zielrichtung, körperliche Kondition und Tempo. Der zweite Lehrer, den ich besuchte, war der japanische Tänzer Hideyuki Yano. Er sagte, daß man eine Wegbeschreibung für die Bühne anfertigen sollte, auf der Wege und Routen eingezeichnet sind. Und daß man, während man auf diesen Wegen reist, die eigene Körperbewegung entdeckt. Der dritte Künstler, den ich besuchte, war Kazuo Ohno, der Mitbegründer des Butoh. Er sagte: »Ich kann dir nicht sagen, wie du dich bewegen sollst.« Statt dessen lieferte er mir viele Bilder. Nach diesen Bildern sollte ich mich bewegen. Zum Beispiel sagte er: »Du bist ein Skelett ohne Haut und Muskeln.« Während ich nach diesem Bild improvisierte, sagte er: »Mach nicht zu viel. Versuch nicht, das Skelett körperlich nachzuahmen. Mach weniger. Mach es einfacher.«

Nachdem wir die Arbeit beendet hatten, kochte er ein Fertiggericht mit Nudeln für mich.

Ich war seit 1979 mit diesem Stück auf Tournee und trat in vielen verschiedenen Ländern auf. Das ist eine lange Zeit, wenn man immer das gleiche Stück im Repertoire hat. Die meisten Aufführungen werden mit der Zeit altmodisch oder abgedroschen. Aber da *Interrogations* nie schriftlich fixiert wurde, konnte ich immer wieder neue Stoffe und Antworten für das Publikum erfinden. Das trug dazu bei, die Aufführung lebendig und auf der Höhe der Zeit zu halten. Für mich war vor allem das Problem von Tempo und Timing interessant; jeden Tag mußte ich wieder bei Null anfangen. Manchmal hatte ich den Eindruck, mit dem Publikum zu lange zu reden, also mußte ich Dinge plötzlich beschleunigen. Oder: Wie lange sollte ich mich mit dem Publikum unterhalten, bevor ich mit der nächsten Erzählung weitermachte? Jedesmal mußte ich selbst über dieses Timing entscheiden.

Interrogations war eine Inszenierung nach einem zur Hälfte festen Zeitplan. Aber man kann auch mit einem noch freieren Modell arbeiten. Man benutzt überhaupt keine Karte. Die Stücke, die Brooks Truppe in Afrika aufführte, waren in diesem Stil. Wir fingen mit einer einzelnen Idee an, wie »ein Stiefel« oder »Gehen«, und versuchten die Performance daraus zu entwickeln. Schauspieler konnten je nach Belieben den Aufführungsbereich betreten und verlassen und die Handlung in jede gewünschte Richtung lenken. Als wir unsere Reise begannen, versuchten wir, eine Performance zu verwenden, die wir in Paris vorbereitet hatten. Aber in den verschiedenen afrikanischen Dörfern war das Stück ein totaler Reinfall. Wir dachten, es würde in Afrika ebenso gut laufen wie im Pariser Studio. Aber natürlich tat es das nicht. So beschlossen wir, einen anderen Weg auszuprobieren. Wir entschieden uns dafür, ein Stück aufzuführen, das in Gegenwart des Publikums von A bis Z erfunden wurde, und im Lauf dieses Prozesses fanden wir heraus, wie ungeheuer schwer es ist, auf diese Weise etwas Spontanes zu schaffen.

Eines Tages beschloß Andreas Katsulas, ein amerikanischer Schauspieler, ein Paar Stiefel auf den Teppich zu stellen. Mit einem Mal war das Publikum elektrisiert; die Stiefel faszinierten es. Als Japaner verstehe ich das sehr gut, weil wir früher nur Sandalen kannten. Als Japan sich dann verwestlichte, fingen wir an, Schuhe zu importieren, aber sie waren sehr teuer. So war ein Lederstiefel ein Symbol von Reichtum, Oberschicht und Erfolg – ein hochinteressanter Gegenstand. Wir improvisierten mit diesem Paar Stiefel vor diesem Publikum. Ein Schauspieler zog die Stiefel an und wurde so in eine mächtige Persönlichkeit verwandelt. Ein anderer Schauspieler zog die Stiefel an und wurde zu einer schönen Dame, aber sobald die Stiefel ausgezogen wurden, verschwand die Verwandlung. Die Stiefel verwandelten sich auch in andere Gegenstände wie zum Beispiel Musikinstrumente.

Was ich durch diese Aufführungen lernte, war, daß es möglich ist, eine auf freier Improvisation beruhende Vorstellung zu entwickeln. Aber man braucht ein starkes Thema, das einfach ist und von jedem sofort erfaßt werden kann. Man benötigt auch viel Vorstellungskraft und die Fähigkeit, rasch und spontan zu reagieren. Die Performance gleicht eher einem Fußballspiel als einer normalen Theateraufführung. Die Spieler müssen genau darauf achten, was der Rest der Mannschaft tut, und bereit sein, den Ball jederzeit anzunehmen. Auf diese Weise war es möglich, die Erzählungen zu entwickeln, auch ohne sich auf sicherem Terrain zu befinden. Wenn es gut läuft, kann es lebendiger und aufregender sein als eine festgelegte und unveränderliche Inszenierung. Es erinnert an ein Konzert von sehr guten Jazzmusikern, die improvisieren. Aber es ist sehr schwer hinzukriegen, und man kann nicht jeden Abend die gleiche Qualität garantieren.

Wenn man in irgendeiner Theaterproduktion auftritt, gibt es eigentlich immer ein Element der Improvisation. Manchmal ist es völlig frei; der Schauspieler kann sich nach seinem Belieben überallhin bewegen, sobald die Handlung in Gang kommt. Wenn dagegen die Mise en scène feststeht, muß sich der Schauspieler auf seine innere Freiheit verlassen. Jeder Abend ist eine einzigartige Beziehung zu einem besonderen Publikum, und der Schauspieler muß irgendwie dafür sorgen, daß die Kommunikation lebendig und anregend bleibt.

Wenn mich Leute nach dem Unterschied zwischen dem Spielen in Filmen und auf der Bühne fragen, antworte ich immer, daß ich bei Filmen den Eindruck habe, daß der Regisseur der Koch ist. Die Schauspieler stellen bloß die Rohstoffe für die Kochkunst zur Verfügung. Der Regisseur entscheidet, an welcher Stelle der Film geschnitten wird, bestimmt das Tempo und so weiter. Dagegen hat der Schauspieler im Theater mehr Verantwortung. Elemente wie Timing, Rhythmus, Stimmvolumen und Tatkraft hängen alle von den Schauspielern ab. Und da das Publikum jeden Abend ein anderes ist, muß der Schauspieler jeden Abend genau spüren, was zu tun ist. Wir haben eine große Verantwortung, und wir sind immer am Improvisieren.

Als ich noch ein Anfänger war, nahm mich einer meiner Regisseure beiseite und sagte: »Du mußt dir darüber im klaren sein, Yoshi, daß du kein Genie bist.« Ich war zwar enttäuscht, verstand aber, daß das, was er sagte, der Wahrheit entsprach. Nur wenn der Gott des Theaters herabsteigt, kann ich mich dem Genie annähern. In der übrigen Zeit tue ich einfach mein Bestes für das Publikum. Die Beziehung zwischen Schauspieler und Publikum ähnelt der Beziehung zwischen einem Busfahrer und seinen Fahrgästen. Ich lasse das Publikum in den Bus und fahre es in eine andere Zeit und in einen anderen Raum. Das Ziel ist, sie in diese Zeit und diesen Raum zu bringen, nicht, ihnen zu zeigen, was ich alles kann.

6 NACH DER VORSTELLUNG

Am Ende einer Vorführung wollen die Zuschauer sich bewegen; immerhin haben sie zwei Stunden oder noch länger gesessen. Sie wollen auch den Schauspielern etwas geben, also klatschen sie mit den Händen. Ich glaube, daß das sehr gesund ist – für das Publikum. Klatschen stimuliert die Akupunkturpunkte auf der Hand. Aber als Schauspieler ziehe ich es vor, nach einer Aufführung Stille zu ernten ... dann ... nach einer Weile ... stürmischen Beifall.

Oft kommen Leute nach der Vorstellung in meine Künstlergarderobe und sagen Dinge wie »Die Vorstellung hat mir sehr gefallen« oder »Es war wunderbar«. Offenbar mag ich den Beifall (wann immer er sich einfindet), und ich bin sehr froh, daß sie kamen und sich vergnügten. Gleichzeitig bin ich mir bewußt, daß die Komplimente auch dem Regisseur, den Technikern und dem Autor gebühren. So genieße ich meine Freude an Komplimenten, die ich eigentlich auch mit anderen Menschen teilen sollte. Andererseits weiß ich auch, daß nur die Leute, denen die Vorstellung gefiel, zurückkommen und solche Bemerkungen machen; diejenigen, die sie nicht mochten oder langweilig fanden, erscheinen erst gar nicht. Es ist sehr wichtig, sich daran zu erinnern, daß die Aufführung nicht jedem gefällt. Vielleicht mißfiel sie sogar der Mehrheit des Publikums, aber wenigstens ein oder zwei Menschen mochten sie und machten sich die Mühe, mir das zu sagen. Das macht mich glücklich.

Als Peter Brooks Inszenierung von *Der Sturm* auf dem Spielplan stand, sagten die Leute die üblichen Dinge wie: »Es war eine sehr gelungene Aufführung« oder »Es war sehr unterhaltsam und amüsant«. Das Wort, das am häufigsten fiel, war »gefallen«. Eines Tages richtete er eine Bitte an die Schauspieler. Während wir hinter den Kulissen waren, bat er uns, statt zu reden, still zu bleiben. Wir folgten dieser Anweisung, und nach der Vorstellung sagten die Leute, die hinter die Bühne kamen, andere Dinge. Sie sagten: »Es war ergreifend.« Das ist ein ganz anderes Wort. Etwas hatte sich dadurch geändert, daß wir still geblieben waren. Etwas nicht Logisches war geschehen. Die Stille führte zu der Bemerkung »ergreifend«. Aber als wir in den Kulissen schwatzten, lautete die Bemerkung des Publikums »gefallen«. Wo war der Unterschied zwischen »gefallen« und »ergreifend«? Es war der gleiche Text, die gleiche Mise en scène. Natürlich fingen wir ein paar Tage später wieder an, uns hinter der Bühne zu unterhalten, und die Antwort der Zuschauer lautete wieder »gefallen«; sie sagten nicht mehr, daß es »ergreifend« war.

Nachdem ich meine Künstlergarderobe verlassen habe, gehe ich in ein Café, um etwas zu trinken. Selbst dorthin kommen manchmal noch Leute, um mir Komplimente zu machen. Es fühlt sich gut an, wenn es ihnen gefiel, der Figur im Schauspiel zuzuschauen. Die Figur weinte und schrie oder fühlte extreme Liebe und Hass, aber das war nicht wirklich; es war etwas, was der Schauspieler Yoshi Oida spielte. Dann wird mir plötzlich klar, daß ich sogar hier im Café noch eine Rolle spiele: einen Schauspieler namens »Yoshi Oida«. Ich versuche, diese Gestalt interessant zu machen, indem ich sie mit Einzelheiten ausschmücke: »freundlich«, »amüsant«, »charmant«, »interessant«, »humorvoll«, »sanft«, »schelmisch«.

Dann gehe ich nach Hause und mache mich fertig zum Schlafen. Ich ziehe meine Kleider aus und lege die Verantwortung ab, irgendeine Rolle zu spielen. Wenn ich mir die Zähne putze, betrachte ich mich im Badezimmerspiegel. Ich sehe ein Gesicht, das die Merkmale »Mann«, »alt«, »Japaner« hat. Plötzlich kommt mir eine andere Frage in den Sinn: Ist dieses Gesicht im Spiegel mein wirkliches »Selbst«, oder gehört es noch immer einer anderen Figur? Verbirgt sich hinter ihm noch jemand anderes?

Auf der Bühne ist der Vorhang hinter meiner Figur gefallen, aber Yoshi Oida existiert noch. Doch was wird geschehen, wenn der Vorhang hinter Yoshi Oida fällt? Ich weiß es nicht.

Als Ikkyu starb, fragte ein Schüler Ikkyus Gefährtin: »Was ist der Tod?« Sie antwortete: »Jemand, der es eilig hat.«

ANHANG

Lehren und Lernen

von Lorna Marshall

Vor einigen Jahren saßen Yoshi und ich in einem Café und plauderten über Lehr- und Lernmethoden. Er drehte sich plötzlich zu mir um und sagte: »Weißt du, in meinem Unterricht gibt es keine neuen oder besonderen Übungen. Wichtig ist, *wie* man sie macht. Und etwas ist sehr wichtig, das Timing der Übungen. Wenn die Übungen zu lang, zu kurz oder in der falschen Reihenfolge sind, klappt es nicht.«

Und er hatte den Nagel auf den Kopf getroffen.

Wenn die meisten von uns über den Ausbildungsprozeß nachdenken, neigen wir zu der Frage: »Was können andere lernen, wenn ich diese Übung mache (oder lehre)?« Wir gehen bei unserer Arbeit gern von der Voraussetzung aus, daß eine Übung sich auf eine bestimmte Fähigkeit oder Konzeption bezieht und wir uns diese Fähigkeit oder Konzeption aneignen, wenn wir diese Übung machen – ein klares Ziel und ein direktes Ergebnis; und immer mit der gleichen Wirkung, jedes Mal. Leider ist es nicht so einfach. Lernen ist nie ein Prozeß in der Art wie »A führt garantiert zu B«. Und ein entscheidender Punkt ist das Timing. Aber obwohl »Timing« selbst nur ein einfaches Wort ist, verbirgt es eine komplexe Reihe von Vorstellungen.

Einer seiner Aspekte ist die Zeitdauer – wie lange man eine Übung macht. Eine scheinbar banale Übung, bis zum Überdruß und noch darüber hinaus praktiziert, kann zu einem plötzlichen Durchbruch führen. In der Praxis ist das jedoch nur schwer zu erreichen. Wenn wir uns selbst überlassen sind, bleiben nur wenige von uns sehr lange bei einer Sache, die wir für langweilig und unwichtig halten. Aber ein guter Lehrer, der von außen beobachtet, kann einen möglichen Durchbruch voraussehen und den Schüler zum Durchhalten ermutigen. Er (oder sie) kann auch beschließen, eine besondere Übung über den Punkt hinaus zu verlängern, an dem sie enden »sollte«, wenn sich irgendwo etwas Unerwartetes oder Hilfreiches ergibt.

Wenn Lehrer in einer Workshopsituation arbeiten, wo die Zeit unter ihrer individuellen Kontrolle steht, ist es möglich, die Zeitdauer zu verlängern. Aber für Lehrer, die im institutionellen Rahmen einer Schule oder Universität arbeiten, kann es schwieriger sein. In dieser Umgebung steht Lehrern oft nur eine beschränkte Unterrichtszeit mit den Studenten zur Verfügung, und sie fühlen sich vielleicht auch unter Druck, in der ihnen zugeteilten Zeit so viele Übungen wie möglich anzubieten. So kann die Kontrolle über die Dauer einer Übung verlorengehen.

Das zweite Hauptelement des Timings ist, *wann* man eine Übung macht. Das ist zum Teil eine Frage der Bereitschaft eines Menschen, eine besondere Erfahrung zu machen. Eine Übung, die man schon zu Beginn der Lehrzeit kennengelernt hat, kann eine bestimmte Wirkung haben, aber wenn man die gleiche Übung erst nach Jahren der Ausbildung kennenlernt, kann sie ganz andere Ergebnisse zeitigen. Das liegt nicht nur daran, daß man die Übung dann auf einer höheren technischen Ebene machen kann; im Grunde erhält die Übung je nach Fähigkeit und Erfahrung eine andere Funktion. Eigentlich kommen die meisten guten Übungen für die Schauspielkunst nie an ein Ende. Man kann sie immer wieder machen, Jahr für Jahr, und sie werden immer neue Ebenen der Einsicht und des Verstehens erschließen. Und ein erfahrener Lehrer führt einen oft an den gleichen Ausgangspunkt zurück, immer und immer wieder.

Weil das so ist, kann ein Lehrer genau die gleiche Übung verwenden, um die verschiedensten Fähigkeiten oder Konzepte zu erkunden. Zum Beispiel gibt es eine Übung, die ich für die Entwicklung des körperlichen Raumgefühls benutze (angeregt durch das Werk von Mladen Materic). In dieser Übung gehen die Schauspieler langsam vom hinteren Teil der Bühne nach vorn, um die Stellen zu erspüren, wo der Körper anhalten oder sich ändern will, und vor allem, um sich der letzten Schranke vor dem Publikum bewußt zu werden. Dieser Punkt ist üblicherweise etwa drei oder vier Schritte von der ersten Reihe entfernt (diese Übung muß vor richtigen Zuschauern gemacht werden – leere Sitze bringen nicht das gleiche Ergebnis). Es ist eine sehr einfache Übung, aber sie kann für das Training der natürlichen Sensibilität für die eigenen Körperreaktionen, des technischen Gespürs für die »heißen« und »kalten« Stellen auf der Bühne oder einer Grenzverletzung und Grenzüberschreitung verwendet werden. Die Übung selbst ist immer genau die gleiche, aber das Ergebnis ist jedes Mal ein anderes. Es hängt alles davon ab, in welchen Rahmen der Lehrer die Übung stellt, was wiederum davon abhängt, auf welchem Stand sich die Schüler zu diesem besonderen Zeitpunkt befinden.

Ein weiterer Faktor spielt beim Timing eine Rolle: die genaue Abfolge der Übungen verändert aktiv ihre Funktion und Wirkung. Übungen sind keine isolierte Einheiten – man macht nicht die eine, dann eine andere und eine dritte, als ob sie keine Beziehung zueinander hätten. Die meisten Lehrer wissen, daß die wie auf einer Perlenschnur aneinandergereihten Übungen eine bestimmte Reise durch Geist und Körper vorgeben und eine andere Reihenfolge der Übungen zu einer anderen Reise führt. Wenn man eine Übung macht, die sehr aktiv und energisch ist, danach eine, die sehr ruhig und nach innen gerichtet ist, unterscheidet sich die Erfahrung von der, die man bei der umgekehrten Reihenfolge macht (erst »ruhig« und danach »energisch«). Und die Reise von A nach B führt einen an einen ganz anderen geistigen und emotionalen Ort als die Reise von B nach A.

Timing hat jedoch noch einen anderen Aspekt: Wiederholung. Wenn wir trainieren, besteht die Gefahr, daß wir glauben, Übungen seien einmalige Ereignisse – wir machen die Übung und wie durch Zauberhand wird uns die Fähigkeit angehext. Doch so funktioniert wirkliches Lernen nicht. Etwas einmal machen ist bloß eine Begegnung; interessant und lustig, aber eine neue Fertigkeit springt dabei nicht heraus. Wir wissen, daß wiederholtes Training nötig ist, um die Muskeln des Körpers (einschließlich der Stimme) anders zu einzusetzen, aber viele Leute sind sich der Tatsache nicht bewußt, daß es auch einer Anzahl von Wiederholungen bedarf, um den Nervenbahnen des Hirns ein neues körperliches oder emotionales Muster einzuprägen.

Wie Yoshi sagte, das Timing gibt den Ausschlag.

Ich möchte noch einen weiteren Faktor hinzufügen: Subjektivität. Was für die eine Person gilt, kann sinnlos sein für eine andere. Jeder bringt sich selbst und seine Geschichte in den Lernprozeß ein, und das hat einen Einfluß darauf, wie man die Übungen aufnimmt, wie man sie anwendet und welchen Nutzen man aus ihnen zieht. Deshalb zögern sowohl Yoshi als auch ich zu sagen, die Übungen in diesem Buch (und in unseren eigenen Workshops) werden Ihnen ermöglichen, *dies* zu erfahren oder *jenes* zu lernen. Wir können nicht wissen, was Sie erfahren oder lernen werden.

Yoshis Workshops

Im Lauf der Jahre hat Yoshi in vielen Workshops unterrichtet und dabei eine riesige Vielfalt von aus unterschiedlichen Quellen stammenden Übungen benutzt. Auch die Übungen selbst ändern sich dauernd, und es gibt keinen festen Lehrplan. Trotzdem kann man erkennen, daß gewisse Themen in seinem Unterricht immer wiederkehren und dem Schüler eine bestimmte Reiseroute weisen. Ich habe sie unten kurz dargestellt und Beispiele für den jeweiligen Typus der Übungen gegeben, die er schon in verschiedenen Workshops verwendet hat. Sie können sie in aller Ruhe erkunden, sollten sich aber nicht von diesen Ideen gängeln lassen. Jedes Mal, wenn man sie macht, kann man noch ganz andere Dinge entdecken. Oder rein gar nichts.
Die meisten Workshops beginnen mit starker körperlicher Aktivität, die sich in der Regel auf die Wirbelsäule konzentriert.

Übung: Wellenbewegung im Sitzen
Setzen Sie sich auf den Boden wie ein Baby, mit vorgestreckten Beinen. Sie sind locker gebogen, in keiner starren Position. Die Fußsohlen können nahe beieinander sein, aber sie sollten sich nicht berühren und nach innen gerichtet sein. Es ist eine leichte Position, der Rücken wird dabei gerade gehalten, und die Arme hält man so wie es am angenehmsten ist. Ziehen Sie dann die Spitze des Steißbeins ein, wie ein Hund, der seinen Schwanz versteckt. Bewegen Sie die Wirbelsäule wellenförmig weiter nach unten, und Sie werden feststellen, daß der Körper sich nach hinten zu neigen beginnt. Setzen Sie die Wellenbewegung fort, bis der Brennpunkt das Brustbein erreicht. An diesem Punkt werden Sie sich nach hinten zurücklehnen, mit nach innen gebogenem Rumpf und gesenktem und eingezogenem Kopf. Ihre Schultern befinden sich vor Ihrem Brustkorb, der nach innen eingesunken ist.

Richten Sie dann das Brustbein auf und nach vorn, und nutzen Sie dabei diesen Impuls, um eine Vorwärtsbewegung des Rumpfs einzuleiten. Konzentrieren Sie sich darauf, das Brustbein nach vorn und zwischen die Schultern zu schieben. Die Schultern befinden sich nun hinter dem Brustkorb. Setzen Sie diese Vorwärtsbewegung des Brustbeins fort, und folgen Sie mit dem Körper, bis Sie sich über Ihre Füße beugen. Ziehen Sie dann das Steißbein ein und beginnen mit einer Wellenbewegung, die den Rumpf nach hinten bewegt. Und so weiter; vorwärts und rückwärts. Versuchen Sie nicht, eine Streckübung oder ein Bauchmuskeltraining daraus zu machen; richten Sie Ihre Aufmerksamkeit nur darauf, wie Sie die beiden Bewegungen mit dem Steißbein und Brustbein ausführen.

Übung: Wellenbewegung im Gehen

Sie gleicht der vorigen Übung, außer daß Sie im Stehen beginnen. Gehen Sie einen Schritt nach vorn, wie beim normalen Gehen. Wenn der Fuß den Boden berührt, versuchen Sie im Schreiten eine Wellenbewegung der Wirbelsäule durchzuführen. Sie beginnt im Becken, wandert hinauf zur Hüfte, zum Brustkorb und zum Hals und hört mit einer Kopfbewegung auf. Die ganze Wirbelsäule ist daran beteiligt.

Setzen Sie nun den anderen Fuß vor, der beim Berühren des Bodens eine zweite Wellenbewegung beginnt. Sobald Sie das Schema beherrschen (Schritt, Wellenbewegung, Schritt, Wellenbewegung und so weiter), können Sie die Geschwindigkeit steigern, bis Sie im Raum umhergehen und dabei die Wirbelsäule ständig bewegen.

So wie er mit dem Körper als eine in sich geschlossene Einheit arbeitet, ist Yoshi auch daran interessiert, diesen Körper in einen größeren räumlichen Zusammenhang zu stellen.

Übung: Wasserbeutel (aus Der unsichtbare Schauspieler*)*

Stellen Sie die Füße im Stehen so weit auseinander wie Ihre Schultern breit sind. Versuchen Sie sich nun vorzustellen, Ihre Haut sei ein Plastikbeutel. In diesem Beutel befindet sich nur Wasser – kein Hirn, kein Herz, kein Magen, bloß Wasser, reines, kristallklares Wasser. Ohne die Augen zu schließen, betrachten Sie das Wasser. Schließlich fängt es an zu fließen, nach vorn, nach rechts, nach links, nach hinten. Es ist eine schöne sanfte Bewegung, genau wie Wasser.

Von einem bestimmten Zeitpunkt an, wenn Sie mit allen Sinnen spüren, daß Ihr Körper aus Wasser besteht, versuchen Sie die Schwerkraft der Erde zu fühlen. Eine Kraft fließt aus dem Mittelpunkt der Erde und lockt Sie in die Tiefe; hinab, immer weiter hinab, aber Ihr Fleisch besteht immer noch aus Wasser. Die Erdanziehungskraft läßt Ihren Kopf, Ihre Schultern und Ihre Arme schwer werden. Langsam sinken Sie zu Boden, bis Sie sich in der Hocke befinden. Kopf und Arme sind entspannt.

Stellen Sie sich nun vor, es gäbe drei Fäden, die Ihren Körper mit dem Himmel verbinden. Einer dieser Fäden ist an den Scheitel Ihres Schädels angeschlossen, die beiden anderen an die Rückseite Ihrer Handgelenke. Die drei Fäden ziehen Sie langsam nach oben in den Himmel, bis Sie wieder aufrecht stehen, mit in die Luft gestreckten Armen, als hinge dieser Wasserbeutel in der Luft. Dann spüren Sie wieder die Erdanziehungskraft, die Fäden sind verschwunden, Arme und Kopf sinken nach unten und ziehen den Rest Ihres Körpers mit (bis er sich wieder in der Hockstellung befindet). Sie setzen diese Übung fort und bewegen sich auf und ab zwischen Himmel und Erde, während Ihr Körper immer noch aus Wasser besteht. Mit jeder Wiederholung beschleunigt sich die Bewegung. Am Ende vergessen Sie die Fäden an den Handgelenken; es gibt nur einen Faden, der in die Schädelspitze mündet. Sie bewegen sich für eine Weile ohne jegliche Anstrengung auf und ab, bis Sie schließlich langsamer werden und aufrecht stehend zur Ruhe kommen. Sie haben das Gefühl, im Gleichgewicht zwischen den beiden Kräften des Himmels und der Erde zu schweben.

Übung: Symmetrie
Stellen Sie sich in einen freien Raum. Bewegen Sie eins Ihrer Gliedmaßen in einer vollkommen symmetrischen Weise. Wenn Ihr rechter Arm nach vorn zeigt, zeigt auch der linke nach vorn. Wenn Ihr linkes Knie einknickt, knickt auch Ihr rechtes Knie ein. Alles gleichzeitig, also nicht erst der rechte, dann der linke Arm. Machen Sie irgendeine Bewegung mit den Armen, Beinen, Schultern, Ellenbogen, Füßen und so weiter, oder gar mit den Fingern. Improvisieren und versuchen Sie, alle Möglichkeiten des Körpers auszuloten, während er vollkommen symmetrisch bleibt. Wenn Sie im Raum umhergehen wollen, können Sie das tun (auch wenn es keine symmetrische Bewegung ist). Bewegen Sie sich mit dem übrigen Körper aber weiterhin symmetrisch. Sie sollten auch dem Kopf genug Bewegungsspielraum lassen, da Sie immer darauf achten müssen, was um Sie herum geschieht, aber Sie können versuchen, die Gesichtsmuskeln symmetrisch zu bewegen.

* * *

Yoshis Workshops sind auf eine deutliche Steigerung ausgerichtet; die Übungen beginnen mit dem Körper des einzelnen Schauspielers (siehe oben), dann wagt er sich in komplexere Bereiche vor. Nach der Arbeit mit dem Körper am Anfang bringt er oft einen seiner Leitgedanken ins Spiel: wichtig ist vor allem, *wie* man die Übung ausführt, wobei das Augenmerk sich auf die Notwendigkeit richtet, einen Prozeß einzuleiten, sowohl innerlich (im Innern des Schauspielers) als auch äußerlich (im Umfeld des Schauspielers).

Ein Leitgedanke ist *Ausprobieren*. (Dieser Gedanke wird in Kapitel 2 erwähnt, wo Yoshi über die Bedeutung des »Probierens« als ein Mittel spricht, das gewährleistet, daß Brücken und Übergänge nicht künstlich konstruiert, sondern auf organische Weise geschaffen werden.) Um eine Aktion »auszuprobieren«, versucht man mit hellwachen Sinnen die Eigenart dieser gerade ablaufenden Aktion zu erspüren. Während man sich von A nach B bewegt, spürt man, was der nächste Augenblick verlangt; was dem Gefühl nach zu stimmen scheint. Beim »Ausprobieren« kommt es vor allem darauf an, »diesen bestimmten Augenblick zu erspüren«, statt ihn »in Gedanken vorwegzunehmen«.

Übung: Ausprobieren

Wählen Sie vier verschiedene Handpositionen, wobei Sie nur eine Hand benutzen. Position A ist zum Beispiel die fest geballte, nach unten gerichtete Faust. Position B könnte eine entspannte, nach oben zeigende Hand sein, während C eine flach ausgestreckte, nach innen gerichtete Hand mit fest geschlossenen Fingern sein könnte. Punkt D ist irgendeine andere Position. Auf die genauen Positionen kommt es nicht an; Sie können sich aussuchen, was Ihnen gefällt. Sie beginnen mit der ersten Handposition (A) und versuchen zu fühlen, wie sich die Hand zur Position B ändern läßt. Dann probieren Sie Position B und versuchen zu fühlen, wie der Wechsel zur Position C erfolgt. Und so weiter bis nach D.

Es ist wichtig zu spüren, daß nicht »Sie«, sondern die Hand selbst die Wechsel vollzieht. Wenn Sie das nicht tun, sondern statt dessen Ihre Hand nur von außen betrachten, wird das Ganze mechanisch. Ausprobieren ist wichtig. Die Veränderung geschieht nicht dadurch, daß Sie sich die Hand anschauen und sich sagen, ach ja, das wäre jetzt eine gute Gelegenheit für einen Wechsel.

* * *

Yoshi macht in seiner Arbeit das Feingefühl nicht nur zu einem inneren Vorgang, sondern legt auch Wert darauf, daß man mit hellwachen Sinnen auf äußere Ereignisse reagiert.

Übung

Mit einer großen Gruppe von Schauspielern bilden Sie ein Viereck mit ungefähr gleich vielen Leuten auf jeder Seite. Wenn Sie zum Beispiel sechzehn Leute haben, bilden Sie ein Quadrat mit je vier Leuten auf den vier Seiten. Die Leute auf diesen vier Seiten – Seite A, Seite B, Seite C und Seite D – umrunden der Reihe nach das Quadrat. Sie beginnen auf der Seite A. Eine Person überquert in sechs Taktschlägen (zeitgleich mit dem Taktschlag) das Feld und schließt sich den Leuten auf Seite C an. Dann ist Seite B an der Reihe, wo zwei Leute über das Feld gehen, um sich den Leuten auf Seite D anzuschließen. Die nächste Seite (Seite C) schickt drei Leute über das Feld, um sich zu Seite A zu gesellen. Auf Seite D überqueren vier Leute das Feld. Dann zurück zu Position A, wo fünf Leute die Plätze wechseln. Danach fangen wir wieder mit einer Person an, die über das Feld nach Seite B wandert, dann zwei von Seite C und so weiter: vier Seiten, und eine bis maximal fünf Personen überqueren das Feld. Sie wandern von A nach B nach C nach D nach A und so weiter. Und eine bis maximal fünf Personen bewegen sich fortlaufend um das Feld. All das passiert nach einem feststehenden Taktschlag, und die Leute, die das Feld überqueren, wählen sich selbst aus. Wenn fünf Leute an der Reihe sind und fünf Leute auf dieser Seite stehen, wandern alle querfeldein. Aber wenn nur zwei Leute an der Reihe sind und drei Leute sich in Bewegung setzen, muß einer von ihnen erkennen, daß er nicht benötigt wird und zu der Seite des Felds zurücklaufen, wo er herkam. Wenn fünf Leute an der Reihe sind und auf dieser Seite gerade nur zwei Schauspieler stehen, überqueren beide das Feld, aber dann muß jeder sich daran erinnern, daß die zwei Leute, die sie gerade gehen sehen, eine Gruppe von fünf darstellen und in der nächsten Runde nicht eine, sondern drei Personen losgehen müssen. Da die Anzahl der Leute auf den verschiedenen Seiten sich laufend ändert, müssen die Schauspieler genau darauf achten, wo sie sich in der Raum- und Zeitsequenz gerade befinden.

Sobald man dieses Schema geschaffen hat, kann man es erweitern, indem man die Zeitsequenz ändert. Statt jede Runde bei eins zu beginnen, können Sie die Reihenfolge umkehren. Sie zählen bis fünf, dann ist die nächste Zahl vier, dann drei, dann zwei und dann wieder zu eins zurück, auf die dann zwei und drei folgen.

* * *

In der Regel ist das nächste Stadium von Yoshis Workshop mit einer größeren Komplexität verbunden, zum Beispiel geht es nun darum, wie man auf andere Schauspieler reagiert oder Gegenstände verwendet. Und im Mittelpunkt dieser Komplexität steht der Gedanke der Veränderung. Yoshi sagt, die Arbeit des Schauspielers bestehe darin, das menschliche Leben nachzubilden. Nicht in Form eines nüchternen Berichts, sondern indem er sich des Wesens seines Seins bewußt ist, das seiner Ansicht nach ein Prozeß permanenter Veränderung ist. Wenn Schauspieler also Lebensnähe verkörpern wollen, müssen sie sich der Notwendigkeit bewußt sein, sich immer wieder zu verändern, und sie müssen in der Lage sein, diese Veränderung auf organische Weise vorzunehmen.

Um diesen Prozeß einzuleiten, führt Yoshi oft Improvisationen über die Verwendung von Gegenständen ein. Die Betonung liegt auf der umfassenden Erforschung ohne Kommentare oder Charakterisierungsversuche. Mit anderen Worten, die Möglichkeiten einfacher Handlungen zu entdecken, statt diese Handlungen auszuschmücken oder offen darzustellen, um sie interessanter zu machen. In diesem Bereich spielen folgende Hauptfaktoren eine wichtige Rolle: Körper (Veränderungen von Tempo und Form) und Sprache (Veränderungen von Tempo, Stimmlage und Stimmvolumen).

Übung: Gegenstände

Besorgen Sie sich einen Tisch, einen Stuhl, eine Teekanne, eine Teetasse, einen Löffel und eine Untertasse. Stellen Sie die Gegenstände auf den Tisch. Die Grundstruktur ist: eintreten, eine Tasse Tee eingießen (man braucht kein wirkliches Wasser, es genügt, den Vorgang nachzuahmen) und trinken. Erforschen Sie innerhalb dieses Rahmens die verschiedenen Möglichkeiten, indem Sie Tempoänderungen, Pausen, Gewichtsverlagerungen und so weiter verwenden. Zum Beispiel könnten Sie die Teekanne hochheben, einige Sekunden lang eine Pause einlegen, dann die Kanne langsam zur Tasse führen.

Versuchen Sie die Aktionen natürlich und realistisch durchzuführen und auf Kreativität oder irgendwelche Stilisierungen zu verzichten. Arbeiten Sie mit den oben umrissenen Hauptvariationen. Spielen Sie auch mit dem Körpergewicht; was geschieht, wenn Sie den Tee nach vorn statt nach hinten geneigt trinken, wenn Sie auf dem Stuhl sitzen? Und während Sie Hunderte von Möglichkeiten erforschen, probieren Sie jede aus, um herauszufinden, wie sie sich anfühlt.

* * *

Je weiter der Workshop voranschreitet, desto mehr gewinnt er an Komplexität, einschließlich der, auf andere Schauspieler einzugehen, Sprache einzusetzen und vielschichtige Arbeit zu leisten (wie zum Beispiel mit dem Gegenstand zu arbeiten und gleichzeitig auf andere Schauspieler einzugehen).

Übung (aus Der unsichtbare Schauspieler*)*
Zwei Leute sitzen auf dem Boden und reden miteinander, wobei sie dafür nur die Bewegungen einer Hand verwenden. Person A macht eine Geste zu Person B, die dann auf A mit einer anderen Geste antwortet. Auf die A antwortet und so weiter. Wie bei einem Gespräch geht die Kommunikation zwischen den beiden Schauspielern hin und her. Die Kommunikation muß impulsiv und spontan sein, ohne gesellschaftliche Gesten (wie Händeschütteln) oder Scharaden (wo Gesten Wörter ersetzen, wie den Finger krümmen, um jemandem zu bedeuten, er soll »herkommen«).

Versuchen Sie Ihre ganze Existenz in dieser einen Hand zu bündeln. Sie ist wie ein seltsames Tier. Wenn Sie das wahre Leben dieses Geschöpfs entdecken und wenn es in der Lage ist, eine echte und komplexe Beziehung zu dem anderen Tier aufzubauen, ist das ein faszinierender Anblick ... Interessant ist dabei vor allem der Austausch. Die »Schauspielkunst« ruht nicht in der Hand des jeweiligen Schauspielers; sie existiert in der Luft zwischen den beiden Händen. Diese Art von Schauspielkunst ist weder Erzählung noch Psychologie oder Gefühl, sondern etwas anderes, tiefergehendes.

Übung
Sie hat den gleichen Ausgangspunkt wie die vorangegangene Übung mit Gegenständen, nur daß es zwei Stühle statt einem gibt. Sie arbeiten mit einem Partner, haben aber nur noch eine Teekanne, Teetasse und Untertasse. Person A macht die erste Aktion, während B zusieht. Dann antwortet B, während A zusieht. Zum Beispiel setzt sich A auf den

Stuhl, dann greift B nach der Teekanne. Person A antwortet dann, indem sie nach der Tasse greift und so weiter. Wieder kommt es darauf an zu vermeiden, intellektuelle Optionen zu demonstrieren oder darzustellen. Das Ziel ist ein schlichtes und unmittelbares Zwiegespräch zwischen zwei Menschen.

* * *

Auch mit dem Element der Sprache kann ein solches unmittelbares Zwiegespräch geführt werden.

Übung: Ja / Nein

Zwei Schauspieler sitzen auf dem Boden und sehen sich an. Schauspieler A hat das Wort »Ja«, und Schauspieler B das Wort »Nein«. Schauspieler A sagt bestimmt, laut und deutlich »Ja« zu Schauspieler B. Das Wort »Ja« kann auch warnend geflüstert, scharf betont, oder mit einem schelmischen Lächeln gesagt werden. Oder sogar wie ein verführerisches Angebot klingen. Schauspieler B antwortet mit dem Wort »Nein«, aber mit der gleichen Entschiedenheit wie zuvor Schauspieler A. Wenn also Schauspieler A schelmisch »Ja« sagt, muß B im selben schelmischen Ton antworten, aber das Wort »Nein« verwenden. Schauspieler A verstärkt nun diesen schelmischen Tonfall und sagt noch einmal »Ja« als Antwort auf das »Nein«. Und B provoziert sogar noch mehr, wenn er zum zweiten Mal antwortet. Das Ziel besteht darin, die Handlung zu entwickeln, *ohne* die Taktik zu ändern (in diesem Fall »schelmisch«). Es ist sehr leicht für den »Neinsager«, das Spiel einfach zu verweigern, indem er in einem zornigen Ton »Nein« sagt, oder für A, die Taktik zu ändern, wenn die erste Strategie (in diesem Fall »schelmisch«) erfolglos bleibt (das heißt Person B dazu zu bringen, »Ja« statt »Nein« zu sagen). Die beiden Schauspieler tauschen weiter ihre beiden Wörter aus, wobei die erweiterte Taktik es erlaubt, zunehmend heftiger zu werden, bis das Spiel an seinen natürlichen Endpunkt gelangt, wenn beide Schauspieler spüren, daß der Höhepunkt erreicht worden ist und die »Szene« ein organisches Ende gefunden hat. Das alles wird empfunden, nicht geplant, und üblicherweise liegt der natürliche Endpunkt viel weiter als es im täglichen Leben sozial verträglich wäre.

In dieser Übung befinden sich die Figuren in einem direkten Konflikt (die eine sagt »Ja«, und die andere ist strikt dagegen, wenn sie das Wort »Nein« benutzt). Aber als Schauspieler befinden sich die beiden Individuen in völliger Übereinstimmung und Harmonie. Zusammen entwickeln sie die Szene und folgen so weit wie möglich der gewählten Taktik. Außerdem stellt sich ein Gefühl für theatralisches Timing ein; die Schauspieler spüren, wie lange sie ihr Gespräch fortsetzen müssen, um den natürlichen End- oder Höhepunkt zu erreichen. Es geht in erster Linie darum, das Gespräch mit jeder neuen Runde einen Schritt weiter »voranzutreiben«; wenn Schauspieler B die von A angebotene Taktik bloß nachäfft, kann sich die Handlung nicht weiter entwickeln. Und sie kann nicht organisch enden; sie wird schlichtweg an Langeweile sterben.

* * *

Yoshi achtet darauf, vier grundsätzliche Atemmuster zu benutzen: einatmen, auf dem Höhepunkt des Einatmens den Atem anhalten, ausatmen, den Atem am Tiefpunkt des Ausatmens anhalten. Er empfiehlt außerdem, daß die Schüler sich bewußt machen (»ausprobieren«) sollen, wie die jeweiligen Vorgänge sich anfühlen.

Übung
Stellen Sie sich mit dem Gesicht zu Ihrem Partner, der auf der anderen Seite des Raums steht. Atmen Sie zuerst ganz natürlich ein und aus. Sehen Sie dann, ohne über Ihren Atem nachzudenken, Ihren Partner an und sagen »Hallo«. Wiederholen Sie das, verändern Sie aber absichtlich das Atemmuster. Atmen Sie diesmal bewußt ein und sagen »Hallo«. Finden Sie heraus, wie sich das anfühlt. Probieren Sie dann ein drittes Muster: Atmen Sie aus (während Sie etwas Luft in den Lungen lassen) und sagen »Hallo«. Finden Sie heraus, ob es einen Unterschied gibt. Versuchen Sie eine vierte Möglichkeit: atmen Sie zuerst aus, schnappen dann kurz nach Luft und sagen »Hallo«. Was Sie und Ihr Partner dabei fühlen, kann jedes Mal anders sein.

Im nächsten Stadium kombinieren Sie Atem mit Bewegung. Atmen Sie ein, halten Sie den Atem auf dem Höhepunkt an, gehen Sie ganz normal auf Ihren Partner zu, stellen sich vor ihn oder sie und sagen »Hallo«. Probieren Sie dann eine andere Version: Atmen Sie aus, halten Sie den Atem an, gehen Sie zu Ihrem Partner und sagen »Hallo«.

Sie können auch mit der Geschwindigkeit spielen, mit der Sie ein- und ausatmen. Zum Beispiel, bevor Sie das

Wort »Hallo« sagen, atmen Sie rasch ein und finden Sie heraus, wie sich das anfühlt. Machen Sie das noch einmal, aber langsamer.

Sie können diesen Ansatz auch verwenden, wenn Sie Text sprechen. Wenn es eine Pause zwischen zwei Satzgliedern gibt, atmen Sie nicht sofort nach dem Ende des ersten Satzglieds ein. Warten Sie mit fast leeren Lungen, atmen Sie dann rasch ein, bevor Sie die nächste Zeile sprechen. Oder umgekehrt: Sprechen Sie Ihren Text zu Ende, atmen Sie ein, halten Sie den Atem während der Pause an und sprechen dann weiter. Finden Sie heraus, wie es sich anfühlt, das auf verschiedene Weise zu tun. Normalerweise atmen Schauspieler während der Pause nur kurz ein und fahren mit der nächsten Zeile fort. Aber es ist interessant, mit den verschiedenen Möglichkeiten des Atmens zu spielen.

* * *

Das ist ein kleiner Vorgeschmack auf einen Workshop mit Yoshi. Wenn Sie diese Übungen erkunden, denken Sie daran, daß die Wirkung dessen, was Sie tun, vom genauen Timing abhängt. Und das Timing selbst hängt sowohl vom Verständnis des Lehrers als auch von der institutionellen Regelung der Zeit ab. Yoshi unterrichtet in wochenlangen Workshops (Minimum), die sechs Stunden pro Tag dauern. Er kann daher in aller Freiheit die Reise der Schüler gestalten und die Zeit möglichst nutzbringend verwenden. Soviel Spielraum haben die meisten Ausbildungsstätten in der Regel nicht.

Außerdem nimmt Yoshi seine diagnostische Rolle als Lehrer sehr ernst. Es reicht nicht, eine Übung anzusetzen und sie dann einfach ihren Lauf nehmen zu lassen. Für fortgeschrittene Arbeit braucht der Schüler ein ausführliches Feedback darüber, wo und wann die Übung schiefgeht. Wenn Sie mit Yoshi arbeiten, sagt er Ihnen genau, wann Sie anfangen, etwas in einer nicht organischen Weise darzulegen oder zu spielen, üblicherweise im selben Augenblick, in dem Sie das tun. Dieses direkte Feedback mag entmutigen, aber es ist notwendig. Allerdings kann diese Art von Kritik kontraproduktiv sein, wenn sie nicht von einem erfahrenen Lehrer kommt, der mit Schülern arbeitet, die sich schon mit Leib und Seele auf ihre eigene Entdeckungsreise begeben haben.

Viel Glück!

THEATERBÜCHER

YOSHI OIDA

Der unsichtbare Schauspieler
Mit einem Vorwort von Peter Brook

Zwischen den Welten
Mit einem Vorwort von Peter Brook

PETER BROOK

Der leere Raum

Wanderjahre
Schriften zu Theater, Film & Oper 1946–1987

Vergessen Sie Shakespeare

Georg Iwanowitsch Gurdjieff
(mit Jean-Claude Carrière und Jerzy Grotowski)

Zwischen zwei Schweigen
Gespräche

Theater als Reise zum Menschen
Herausgegeben von Olivier Ortolani

Das offene Geheimnis
Gedanken über Schauspielerei und Theater
Mit einem Nachwort von Hans-Thies Lehmann

JERZY GROTOWSKI

Für ein Armes Theater
Mit einem Vorwort von Peter Brook

ALEXANDER VERLAG BERLIN | KÖLN
www.alexander-verlag.com